神話から日本人の心と歴史が見えてくる

日本人なら知っておきたい古代神話

武光　誠
明治学院大学教授

KAWADE
夢新書

河出書房新社

日本人の心と歴史が息づく古代の神話世界を楽しもう——はじめに

『古事記《こじき》』や『日本書紀《にほんしょき》』（まとめて「記紀《きき》」とよばれることもある）に記《しる》された日本神話は、日本人が古くから語りついできた神々の物語をもとに記されたものである。これらの話のなかには、縄文時代のまつりのいわれを伝える伝承までふくまれていると考えられる。

このような日本神話は、日本人の心の拠《よ》りどころであった。

「傷ついたウサギを助けた自分たちの祖先神が、ウサギの神から幸運をさずかった」

火を囲んで集まったときに老人からこういった話を聞いた子どもたちは、これからは動物にやさしくしようと考えただろう。

日本神話にふれた古代人は、神々の生き方をみならって明るい気持ちをもち、やさしく正直に人に接して、人びとが助けあう楽しい世の中をつくった。

このような日本神話の心は、現代の日本人にも必要なものである。

かつて、あらゆる民族が、世界の起こりや人類の誕生を説明する言い伝えをもっていた。

これらの話は、きわめて古い時代につくられて語りつがれてきたものだ。

その話は民族によってまちまちであるが、やがて多くの民族がひとりの王をおしたてて国をつくる段階をむかえた。このときに、王家が古くからの伝承に修正を加え、自家の支配を正当化する物語をつくった。それらは、天地をつくった神が、何らかの事情によって王家の支配を助けることになったと説くかたちをとった。

私たちは、皇室の手で奈良時代にまとめられた『古事記』『日本書紀』に記された神々の物語を「日本神話」とよんでいる。記紀にはこの神話につづいて、大和朝廷の歴史が記されている。

古代の貴族たちは、日本神話をただの物語とはみておらず、皇室や自家の祖先の神々のはたらきを記したまちがいのない記録だと考えてきた。

この点を見落としてはならない。古代人が、日本神話が描くような神々の存在を信じていたおかげで、争いごとを好まぬ日本人の気質がつくられた。そのため、日本は長期にわたって他民族との争いのない歴史をもつことになった。

「高天原《たかまがはら》の神々は、さんざん乱暴したスサノヲノミコトを許し、かれを地上に降《くだ》らせた」

「ウミサチヒコが弟のヤマサチヒコにあれこれ意地悪をしたが、ヤマサチヒコは争いに敗れたウミサチヒコが詫《わ》びたときに、快《こころよ》く兄を許した」

日本神話のこういった話は、寛容《かんよう》な心の大切さを説くものである。しかし、他民族の神話の神には、「異教徒はすべて滅ぼせ」と命じるものがじつに多い。

世界には、人間の醜《みにく》い面をえぐりだす、陰湿で残酷な内容の神話も多い。それにくらべて、日本神話は底抜けに明るい。不快なことがあって天岩戸《あまのいわと》に隠《かく》れたアマテラスオオミカミは、外の笑い声を聞き、何が起こっているのか知りたくて、つい扉をあけてしまった。こうなると、怒りを解くほかない。

「もうすこし岩戸の中にこもって、みんなを心配させるつもりだったのに……」

また、生贄《いけにえ》の娘を目の前にしたヤマタノヲロチは、大好物の酒をみて、ひと口だけ飲もうとしたが、つい酔いつぶれるまで飲んでしまった。

「酒を飲む前に娘に手をつけておけばよかった……」

だれもが何度かは、アマテラスオオミカミやヤマタノヲロチのような失敗を経験したことがあるはずである。このような日本神話をよく読むと、日本の古代人の心がわかり、さらに日本人の国民性がみえてくる。

これから、日本神話の楽しさを記していこう。

武光　誠

プロローグ

神々の活躍が描かれた『古事記』と『日本書紀』の世界とは

1章

夫婦の神イザナギとイザナミはいかにして「日本」を生んだか

●神の出現と日本列島の誕生——

2章

亡き妻を追って黄泉《よみ》の国へ。そこでイザナギが見たものとは

●自然神の誕生と夫婦の神の決別——

3章

4章

5章 スサノヲ追放と八岐大蛇《やまたのをろち》退治が意味するもの

●裁かれるスサノヲ、出雲の地に降り立つ――

6章

幾度となく死に直面するオオクニヌシの受難の秘密

●スサノヲの子孫、オオクニヌシの死と再生の物語――

7章 平穏をもたらした地上の神が突然、「国譲り」を強いられた謎

●地上の神オオクニヌシによる国作りと天の神々の来訪——

8章

天孫降臨の意味合いと天皇誕生への道すじ

●ニニギノミコトとその子神、海幸彦・山幸彦の物語――

エピローグ

いまを生きる日本人への神々からのメッセージとは

カバーイラスト●石丸千里
本文イラスト●山本サトル
地図版作成●新井トレス研究所

●日本神話のあらすじと神名について——

＊日本神話には多くの異伝があり、そこに登場する神々のかなりの数のものが、いくつかの別名をもっている。そこで本書では、とくに注記したところを除いて、日本神話のあらすじを『古事記』にしたがって紹介する方法をとった。

＊また、本文中の神名は、読者にもっともなじみ深いと思われるものをカタカナで表記した。そして、その神名の初出ページ付近の欄外《らんがい》に、『日本書紀』に対応する神名に(日)、『古事記』に対応する神名に(古)という記号をそえて、それぞれの神名を表記した。

＊なお図表の神名は、おもに『日本書紀』のものを漢字表記で示してある。このかたちが、もっとも読みやすいものになると思う。

神々の活躍が描かれた『古事記』と『日本書紀』の世界とは

●日本神話とはなにか

アマテラスオオミカミ①の岩戸隠れの話、スサノヲノミコト②のヤマタノヲロチ③退治、オオクニヌシノミコト④とイナバノシロウサギ⑤の物語などの、私たちになじみ深い日本の神話は多い。しかし、そういった話がどのように結びつくかについては、あまり知られてはいない。

日本神話は、皇室の手でひとつの体系をもった話としてまとめられたものである。それは、和銅《わどう》五年（七一二）にできた『古事記』の上巻と、養老《ようろう》四年（七二〇）にまとめられた『日本書紀』の一巻、二巻とに書かれている。

奈良時代はじめに、皇室による統治を正当化するためにまとめられた歴史書のなかの神《かみ》

①アマテラスオオミカミ㊐天照大神(古)天照大御神
②スサノヲノミコト㊐素戔嗚尊(古)須佐男之命
③ヤマタノヲロチ㊐八岐大蛇(古)八俣遠呂知

代《よ》（「神世」とも書く）の記事とされた部分が、日本神話である。しかし、『古事記』や『日本書紀』の記事のもとになった伝承の多くは、古くから語りつがれた庶民《しょみん》たちに愛された物語であった。

●神話に登場する神としない神

日本各地の神社でまつられている神々のなかに、日本神話に出てくる神と、そこに登場しない神とがある。これは、あと（30ページ）で説明する精霊崇拝《せいれいすうはい》をとる日本人が、神々や人間や動植物などの自然物の境《さかい》を、あいまいなものとしてとらえる世界観をもつことからくる。

日本では、すぐれた人間は没後に神としてまつられる。全国に広くみられる八幡《はちまん》神社（八幡宮）の祭神は、第一五代の大王《おおきみ》とされる応神《おうじん》天皇である。天満宮（天神社）は、平安時代の学者政治家の菅原道真《すがわらのみちざね》をまつっており、日光東照宮《とうしょうぐう》は徳川家康をまつる神社である。

さらに、神道《しんとう》をとる家では、自家の先祖を家の守り神としてまつっている。

『古事記』や『日本書紀』の神代以外の部分に登場する人物で、後世に神とされた者が多くみられることは、このような信仰にもとづくものである。いまあげた応神天皇、初代の大王とされる神武《じんむ》天皇、東国遠征を行なった日本武尊《やまとたけるのみこと》、朝鮮半島に出兵した神功《じんぐう》皇后、

④オオクニヌシノミコト㊐大己貴神《おおあなむちのかみ》㊁大国主神《かみ》（大国主命は後世のもの）
⑤イナバノシロウサギ㊐なし㊁稲羽之素兎

神代の神とそれ以外の神

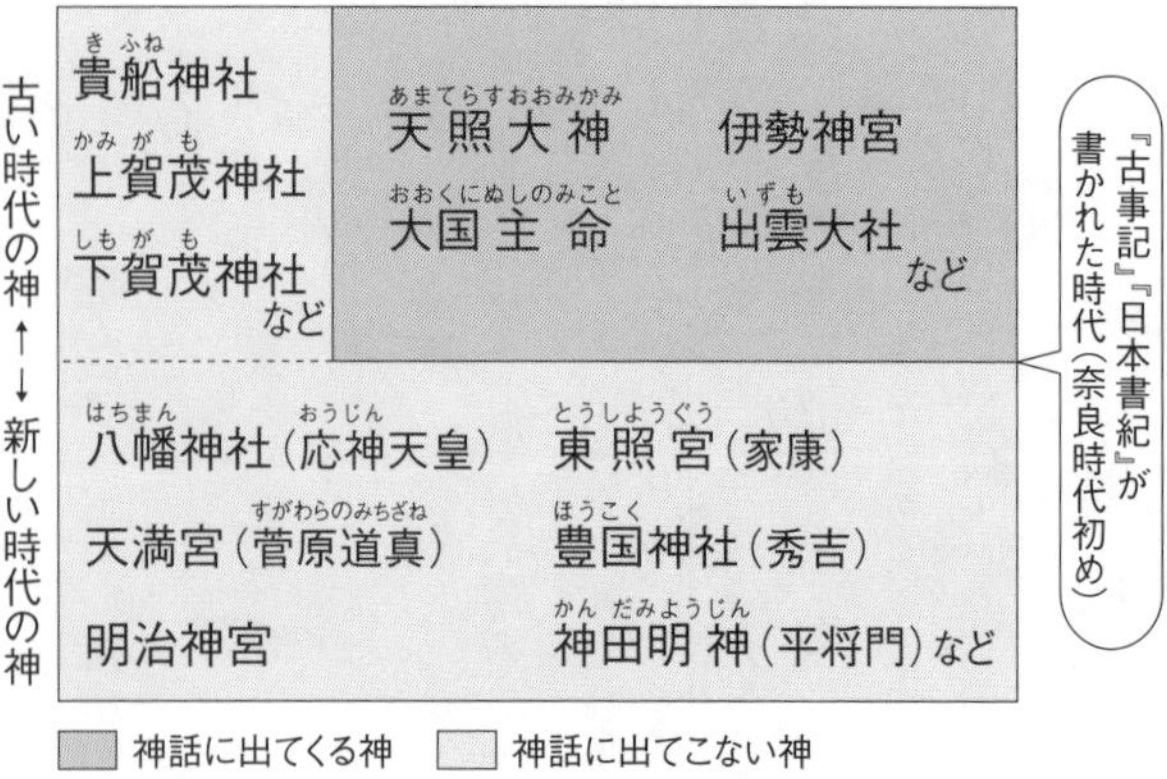

などがそれにあたる。とはいえ、『古事記』や『日本書紀』は、それらの神と神代の物語（日本神話）に登場する神とを明確に区別する発想をもっていた。

神代は、草木が物言《ものい》う時代などとよばれた。神と人間、人間と自然物とが自由に会話して交流できた時代が神代であり、その時代の歴史を記すものが「日本神話」だというのである。

●神代《かみよ》の時代と人代《ひとのよ》の時代

神代にあっては、日本各地にいる多くの神々が、おのおの思い思いのかたちで、みずからが支配するせまい領域にいる人間や動植物、自然現象を指導した。

この神代の終わり近くに、皇室の祖神《おやがみ》は高天原《たかまがはら》から地上に降《くだ》った（184ページ以降で詳述）が、この時点では、「日向三代《ひゅうがさんだい》」などとよばれる皇室の祖先たちは、日本に多くいる神々のなかのひとつにすぎなかった。

そして、神代が終わり、神武天皇が初代の大王《おおきみ》（天皇）となったことによって、大王（天皇）が全国の神々をまつることによって自然を整え、庶民を支配する時代が訪れた。このような『古事記』や『日本書紀』の歴史観を身につけた古代の貴族層は、神が支配する神代と、皇室が日本を統治した神武天皇以後の人代《ひとのよ》とは別のものだとみなしていた。

神代《かみよ》の時代と人代《ひとのよ》の時代

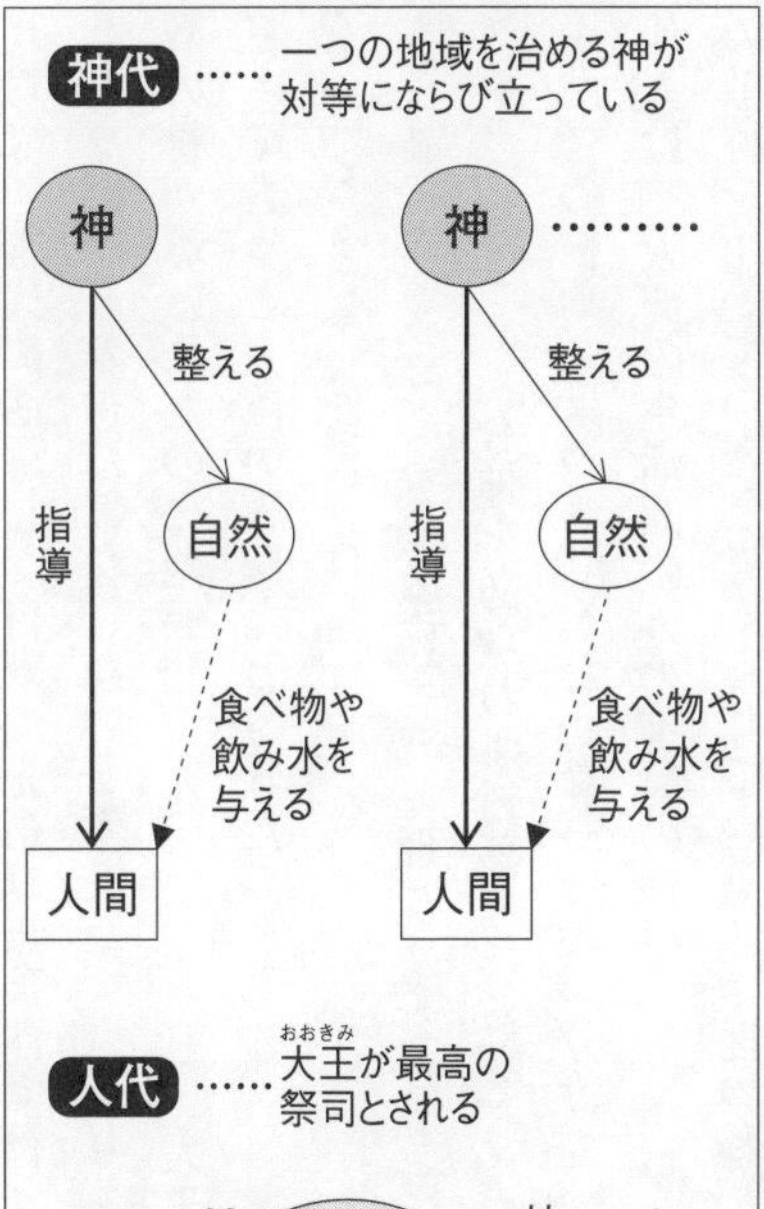

かれらは、神代に活躍した自家の先祖は無条件で神とされるが、人代の祖先は特別の功績をもたないかぎり神にはなれないと考えた。つまり、神代にあっては、数えきれないほど多数の神が尊《とうと》ばれたのにたいし、人代になると、大王（天皇）ひとりが神に並ぶ力をもつ、日本でもっとも尊い人間だとされたのである。

●「カミ」と「ミコト」の違いとは

日本神話には、「カミ」の敬称をもつ神と、「ミコト」の敬称を付《ふ》された神とが出てくる。「カミ」も「ミコト」も神をあらわす言葉であるが、『古事記』や『日本書紀』の編者は、このふたつの言葉をはっきりしたかたちで使い分けている。

古代人は、人間の生活圏の外の世界の神に「カミ」、人間に近い考えをもつ神に「ミコト」の敬称を用いていたと考えられている。素性《すじょう》のわからない山の神は「伊吹山《いぶきやま》の神」といった呼び方をされるが、特定の豪族の祖先神、たとえば出雲《いずも》氏の祖神《おやがみ》は「天穂日命《あめのほひのみこと》」とよばれる。

『古事記』の「カミ」と「ミコト」の区別は、古代人がふつうに用いた呼び方に拠《よ》るものである。ところが、『日本書紀』は意図的に皇室にかかわりをもつすべての神に「ミコト」の敬称を用いる方式をとった。そこで、『古事記』が「天御中主神《あめのみなかぬしのかみ》」とする神が『日本書紀』では「天御中主尊《あめのみなかぬしのみこと》」となる。

さらに『日本書紀』は、とくに尊《とうと》い神には「尊」と表記する「ミコト」を、そうでない神には「命」の字の「ミコト」を付した。

「尊《みこと》」の尊称は、大王《おおきみ》（天皇）にも与えられた。これは、亡くなった大王（天皇）を神としてまつった習慣にもとづくものであるが、現在でも神道の家でまつる位牌《いはい》には、姓名の下に「命」を付した名称が書かれる。このようなかたちで神にも人間にも「ミコト」の敬称を用いるありかたは、神を人間にきわめて近い位置においた古代人の世界観からくるものである。

●『古事記』と『日本書紀』の成り立ち

ここで、『古事記』『日本書紀』がつくられたいきさつについて、かんたんに記しておこう。

七世紀はじめに聖徳太子の指導によって、宮廷の人びとが文学を学び、漢文を使いこなせるようになっていった。このことによって、七世紀なかば前後（六二〇―六七〇ごろ）に、古くから語りつがれた物語を文字に書き起こした者が何人かあらわれた。

かれらが残した記録は、「古くから伝えられたこと」を意味する「旧辞《ふること》」の名でよばれ

『古事記』『日本書紀』ができるまで

年代	出来事
天武《てんむ》3～6年頃（674～677頃）	天武天皇が稗田阿礼《ひえだのあれ》に「帝王の日継《ひつぎ》（系図）と先代の旧辞《ふること》」を誦み習わせる
天武10年（681）	天武天皇が川島皇子《かわしまのみこ》らに「帝紀《ていき》及び上古《じょうこ》の諸事《しょじ》」を記し定めるよう命じる
朱鳥《しゅちょう》元年（686）	天武天皇没す。このころに阿礼の仕事はほぼ完成していた
慶雲《けいうん》2年（705）	このころ舎人親王《とねりしんのう》が『日本書紀』作製の責任者になる
和銅《わどう》4年（711）	元明《げんめい》天皇が、阿礼がまとめた「旧辞」を太安万侶《おおのやすまろ》に書き記させる
和銅5年（712）	『古事記』が完成する
和銅7年（714）	紀清人《きのきよひと》と三宅藤麻呂《みやけのふじまろ》が『日本書紀』作製の担当者に加わる
養老《ようろう》4年（720）	舎人親王らが『日本書紀』を完成させて元正《げんしょう》天皇に差しだす

た。この「旧辞」のなかには、神々の物語が多く書かれていた。そして、そのなかには古くから民間に語り伝えられたものもあった。

ついで、即位後まもない天武《てんむ》天皇が、「帝紀《ていき》」とよばれた天皇系図と「旧辞」をもとに正しい皇室歴史をつくろうとして、近臣の稗田阿礼《ひえだのあれ》という者に「帝紀」と「旧辞」の研究を命じた。この成果を太安万侶《おおのやすまろ》という文人が文章にまとめたのが、『古事記』全三巻である。

天武天皇は、さらに天武一〇年（六八一）に川島皇子《かわしまのみこ》ら一一人に中国風の整った歴史書の作製を命じた。この仕事を完成させたものが『日本書紀』である。この『日本書紀』は、全三〇巻の大部《たいぶ》のものになっている。

●『日本書紀』にある「一書」の異伝とは

日本神話に多くの異伝があることに、注意しておきたい。『古事記』は、「大和ことば」とよばれた古代語で書かれた和文のもので、その文章は歯切れのよい名文である。

この『古事記』の上巻に記された神話は、前後の矛盾《むじゅん》のほとんどない整ったつくりになっている（そのため『古事記』上巻の物語を日本神話として紹介した本もある）。

ところが、何人もの編者の共同執筆でつくられた『日本書紀』の本文は、和文調のところと漢文調のところが入り交じるかたちになっている。

この『日本書紀』の一巻が神代上《じょう》、二巻が神代下《げ》とされているが、この部分にはさまざまな文体の記事が混在している。

日本書紀の本文は、神代上で八段、神代下で三段の段落に分けられている。そして、ひとつの段落の本文が終わると、そのあとに「一書《いっしょ》に曰《いわ》く」にはじまる異伝がいくつもならべられる。そして、異伝を最後まで記したのちに、つぎの段落がおかれる（次ページの図参照）。

『日本書紀』神代上・下の構成と書かれ方

	構成	おもな内容	一書の数
神代上	第一段	神世《かみよ》七代《ななだい》の前半三代	6
	第二段	神世七代の後半四代	2
	第三段	神世七代の説明	1
	第四段	国生み	10
	第五段	自然神と三貴子《さんきし》の誕生	11
	第六段	誓約《うけい》	3
	第七段	天岩戸《あまのいわと》	3
	第八段	八岐大蛇《やまたのをろち》退治＊	6
神代下	第九段	国譲りとニニギノミコトの結婚	8
	第十段	海幸《うみさち》・山幸《やまさち》の物語	4
	第十一段	神武《じんむ》天皇の誕生	4

＊『日本書紀』は、本文では大国主命の国作りの話が省略されているが、それは第八段の第六の一書に記されている

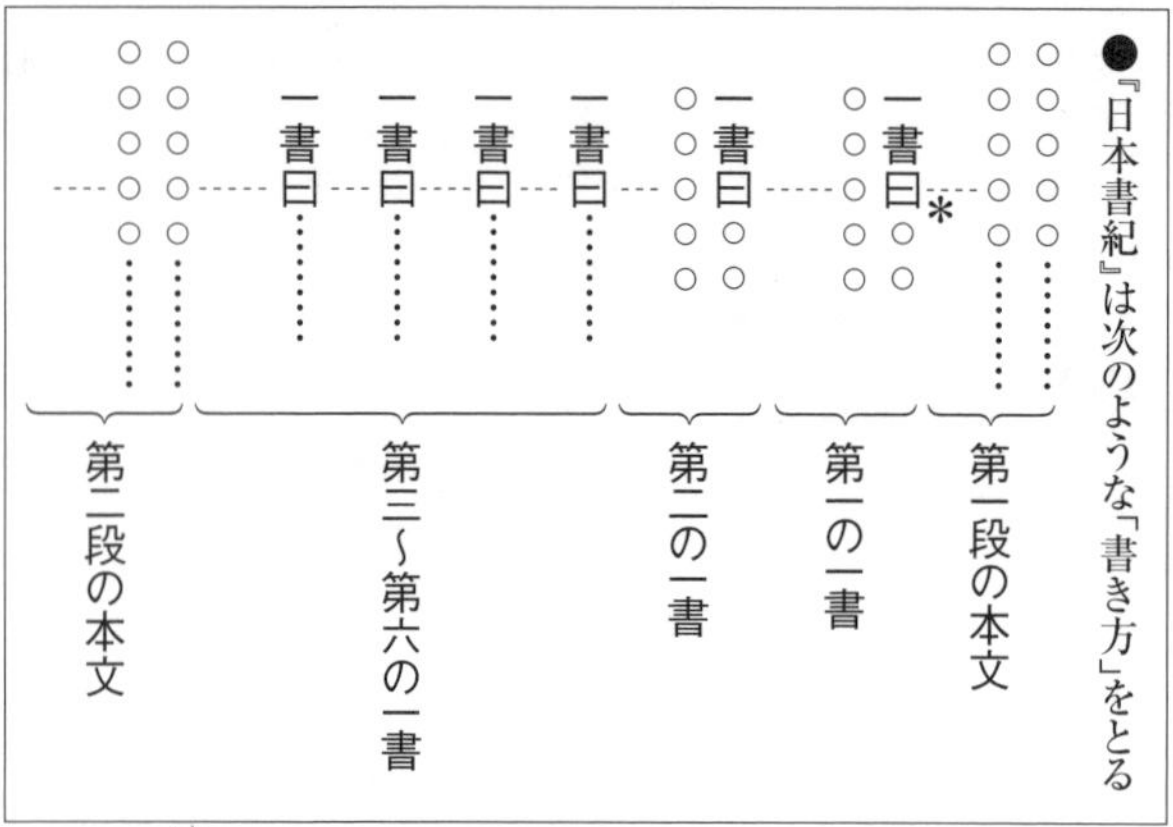

＊「一書に曰《いわ》く」と読む

古代史家は便宜上《べんぎじょう》、そのような異伝をならべられた順にしたがって「第一の一書」「第二の一書」などとよんでいる。

『日本書紀』のこのような「一書」の引用は、旧辞《ふるごと》の諸説をあえて統一せず異伝をそのままのかたちで後世に伝えようとした編者の方針にもとづいてなされたとされる。

●複雑で矛盾の多い『日本書紀』

多くの異伝を採用したことによって、『日本書紀』の神話は矛盾に満ちた粗雑《そざつ》なつくりのものになってしまった。

『日本書紀』の本文だけをつないでも、一貫《いっかん》した筋《すじ》のある物語にならない。前の部分でオオヒルメノムチ⑥の名で出てきた神が、あとではアマテラスオオミカミとして活躍する事態までみられるのだ。

「一書」の異伝のなかには、別の部分の『日本書紀』の本文につなげるべきものではないかと思わせる内容のものや、『古事記』の神話にきわめて類似する記事もある。また、一書で日本神話全体の筋と無関係な出来事を記したものもある。

このような異伝のありかたが、日本神話を複雑でわかりにくいものにしている。とはいえ、「一書」の記事のなかには、日本神話の性格を探《さぐ》る有力な手がかりになるものもあるの

⑥オオヒルメノムチ ㊐大日孁貴 ㊒なし

で、「一書の記事」を切り捨てて日本神話を論じるわけにいかない。

●大和朝廷がまつる二柱《ふたはしら》の神

日本神話のなかで重要な役目をになう神が、二柱《ふたはしら》ある。オオクニヌシノミコトとアマテラスオオミカミである。日本神話の中心となるこの二柱の神の物語は、王家（皇室の祖先）の信仰と深くかかわるかたちで整えられてきた。

大和朝廷は、三世紀はじめに奈良盆地の東南部に起こったが、三世紀はじめから五世紀までの王家の守り神とされたのがオオクニヌシノミコトであった。王家は自家の本拠地のそばの三輪山《みわやま》で、王家の祖先神であり大王の守り神でもあるその神をまつった。

オオクニヌシ信仰は、出雲から大和に伝えられたものであった。そこで、王家はのちに出雲地方を治める出雲氏がまつる神をオオクニヌシノミコト、三輪山の神をオオモノヌシノカミ⑦とよんで両者を区別するようになった。

オオモノヌシノカミは、現在でも三輪山にある奈良県桜井《さくらい》市大神《おおみわ》神社でまつられている。古くから民衆が語り伝えたオオクニヌシノミコト（オオモノヌシノカミ）の功績にまつわる物語の多くが、大王の守り神を権威づけるために日本神話にとりこまれた。

大和朝廷の勢力が急伸した六世紀に、王家はオオモノヌシノカミに代わって太陽神アマ

⑦オオモノヌシノカミ㊐大物主神㊍なし

テラスオオミカミを自家の祖神《おやがみ》とするようになった。そのため、海外のあちこちからもちこまれた物語が、アマテラスオオミカミを権威づけるかたちの神話に書き換えられて、日本に取り入れられた。

これによって、日本神話のなかで、オオクニヌシノミコトがアマテラスオオミカミの下に位置づけられることになった。

これとともに、アマテラスオオミカミの系譜《けいふ》とオオクニヌシノミコトの系譜とをつなぐスサノヲノミコトの神話が整えられた。

こういった王家がまつる対象が変わったことによって、アマテラスオオミカミとその弟のスサノヲノミコトとミコトの子孫であるオオクニヌシノミコトが、日本神話の主役になった。

●日本神話のあらすじ

多くの異伝と雑多な内容をふくむ日本神話を理解するために、日本神話のあらすじを箇条書きに記しておこう（31ページに記すように、日本神話には「巨大神」「巨人神」「等身大の神」の三つの大きさの神が出てくる）。

(1)高天原《たかまがはら》に別世界の巨大神があらわれた。

(2)巨大神たちの命令によって、巨大神⑧イザナギノミコトと⑨イザナミノミコトの夫婦が日本列島をつくり、そこの守りとする自然を支配する多くの巨大神を生んだ。

(3)イザナミノミコトは亡くなったあと、死者の住む黄泉《よみ》の国の神になった。そして、妻と別れたイザナギノミコトは巨人神のアマテラスオオミカミ、⑩ツクヨミノミコト、スサノヲノミコトを生んで、かれらに世界の支配権を譲《ゆず》った。

(4)スサノヲノミコトは高天原でアマテラスオオミカミの怒りをかい、それをつぐなうための祓《はら》いをしたのちに地上におもむいた。

(5)地上に降りたスサノヲノミコトは、ヤマタノヲロチという怪物を退治して、多くの子孫をもうけた。

(6)スサノヲノミコトの子孫のなかから、国作りをしたオオクニヌシノミコトが出た。

(7)別天地の神である⑪タカミムスヒノミコトの協力を得たアマテラスオオミカミは、オオクニヌシノミコトに地上の支配権を差しださせた。そのあとオオミカミは、自分の孫で等身大の神⑪ニニギノミコトを日本の地上に天降《あまくだ》らせた。

(8)ニニギノミコトとかれの子孫は、山の神や海の神と交流をもち、皇室の先祖になっていった。

⑧イザナギノミコト(日)伊奘諾尊(古)伊邪那岐命
⑨イザナミノミコト(日)伊奘冉尊(古)伊邪那美命
⑩ツクヨミノミコト(日)月読尊(古)月読命

日本神話の大すじ

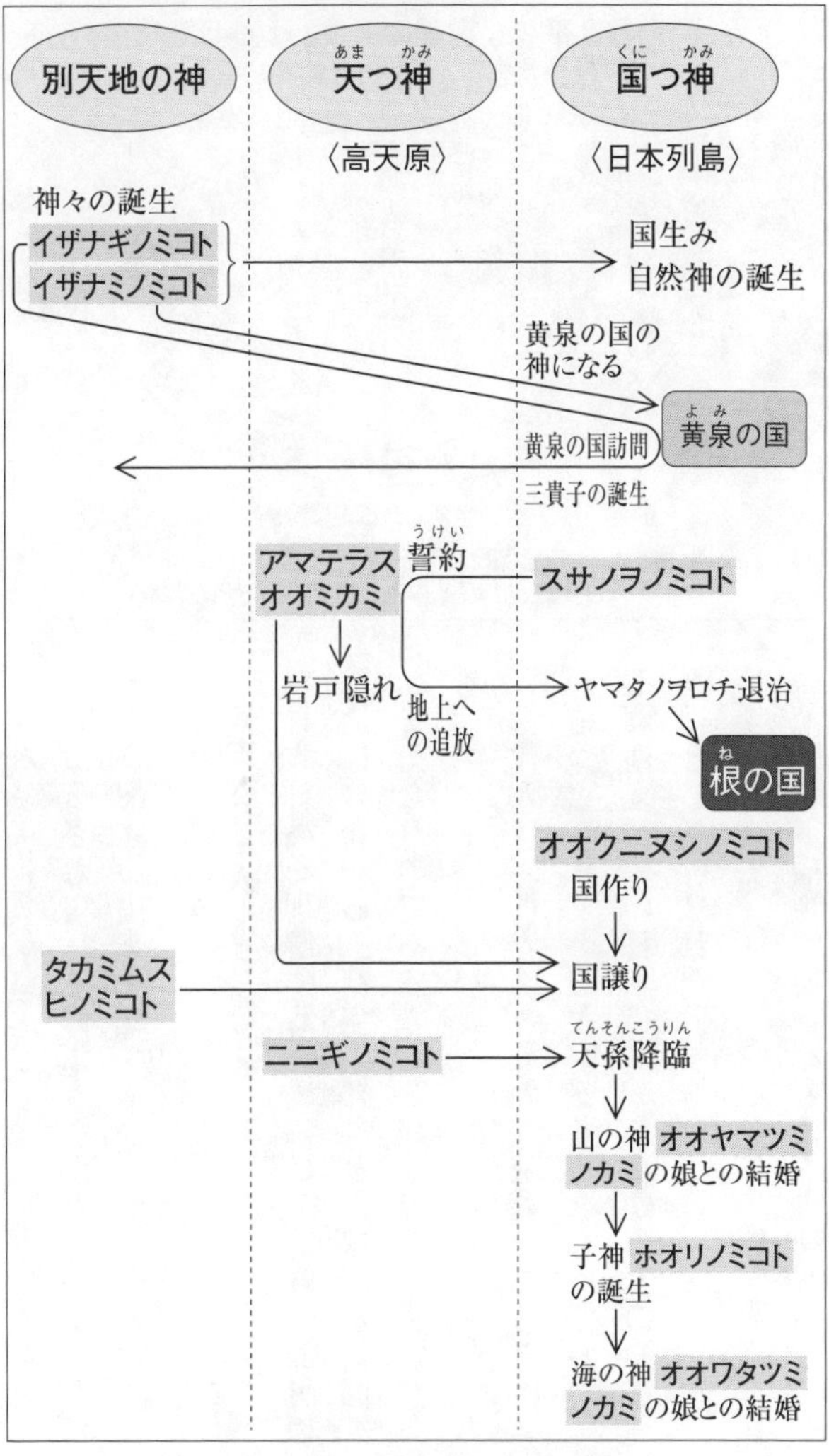

⑪タカミムスヒノミコト㊐高皇産霊尊㊍高御産巣日神《かみ》
⑫ニニギノミコト㊐（天《あま》津《つ》彦《ひこ》彦《ひこ》火《ほの》）瓊々杵尊㊍（日《ひ》子《こ》番《ほ》能《の》）迩々芸命

精霊崇拝のしくみ

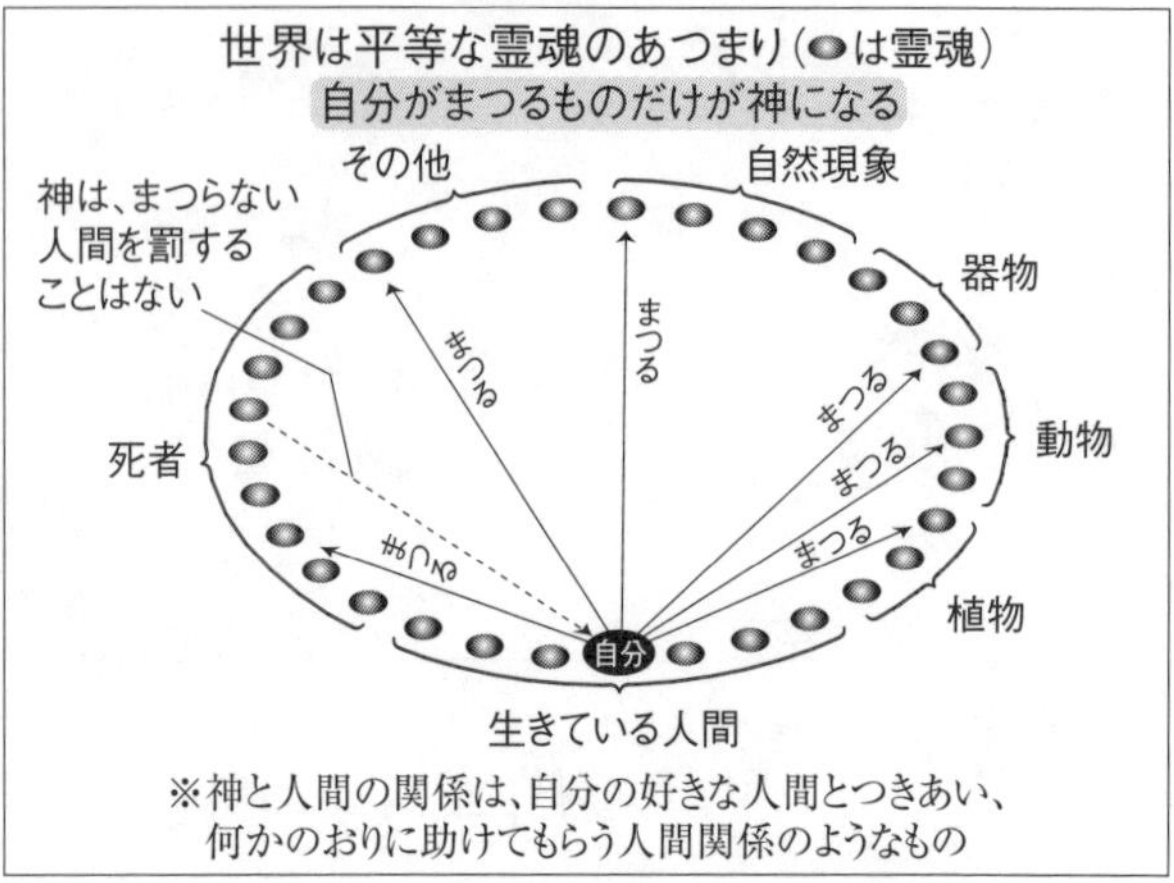

古代人が伝えたさまざまな伝承があつめられ、改変されて、このようなかたちの皇室が日本を支配する由来を記す、ひとつづきの物語にされたのである。

●古代日本人の世界観とは

日本神話を理解するためには、それが今日の神道《しんとう》につながる「精霊崇拝《せいれいすうはい》」とよばれる信仰をふまえたものであることを知っておく必要がある。

古代人は、世界は多数の霊魂《れいこん》のはたらきによってつくられているとする考えをもっていた。それゆえ古代の日本では、あらゆるものの霊魂が神として尊ばれた。

生きている人間は、一人が一つの霊魂をもつ。動物、植物、器物などにも霊魂がある。そして、死者の霊魂も不滅である。

このような世界観をとる人びとは、自分はひとりで生きているのではなく、祖先の霊魂など多くの霊魂とともに生きて、かれらに守られていると感じた。そして、いくつもの霊魂の力があわさって、雨、風、台風などの自然現象を起こすとされた。

日本神話は、このような人間が神々とともに生きる世界のなかで整えられていったのである。

●巨大神から巨人神、そして等身大の神へ

前に述べたように、日本神話に登場する神の大きさは三つのものに分かれる。このことが、日本神話をわかりにくいものにしている。

世界に最初に出現したアメノミナカヌシノカミ⑬や日本列島をつくったイザナギノミコト、イザナミノミコトは、日本列島全体を覆《おお》うほどの大きさをもつ巨大神とよぶべき神々であった。このような神は、無数の霊魂のあつまりで、本来は形のないものであるが、ときには人間に似た姿をとるとされた。

神道の考えに立てば、日本列島とそこの住民を守る多くの霊魂のあつまりが、アメノミナカヌシノカミであることになる。

⑬アメノミナカヌシノカミ　(日)天御中主尊《みこと》　(古)天之御中主神

巨大神からみれば、イザナギノミコトの目や鼻から生まれたアマテラスオオミカミやスサノヲノミコトは、巨大神の目や鼻ぐらいの寸法《すんぽう》の小さな神である。しかし、そのような神は、人間よりはるかに大きい巨人神とよぶべきものである。

奈良時代でもっとも高い建物が高さ三二丈（約九七メートル）の出雲大社であることからみて、古代人は、巨人神を身長一〇〇メートル程度の神と考えていたのではあるまいか。この巨人神は、平素《へいそ》は大きな体のままで行動するが、人間や等身大の神とかかわるときには、小さくなって人間なみの体に変わることができた。

そして、巨人神の身につけた勾玉《まがたま》や刀《かたな》から生まれた神（皇室の祖先にあたる⑭アメノオシホミミノミコトや宗像《むなかた》大社の祭神）や、山の神⑮（オオヤマツミノカミ）、海の神⑯（オオワタツミノカミ）といった自然をつかさどる巨大神の子孫の神は、人間と親しく交わろうとして等身大になった。

日本神話の作者は、多くの霊魂があつまった巨大神の時代ののちに、巨人神の時代、ついで等身大の神の時代がきたとする。そして、等身大の神として生まれた皇室の祖先にあたるニニギノミコトの子孫が、人間の世界に降りてきて人びととの指導者になったというのである。

⑭アメノオシホミミノミコト㊐天忍穂耳尊（古）天之忍穂耳命
⑮オオヤマツミノカミ㊐山祇《やまつみ》（大山祇神）（古）大山津見神
⑯オオワタツミノカミ㊐少童命《わたつみのみこと》（海神《わたつみのかみ》）（古）大綿津見神

神のさまざまな〝かたち〟

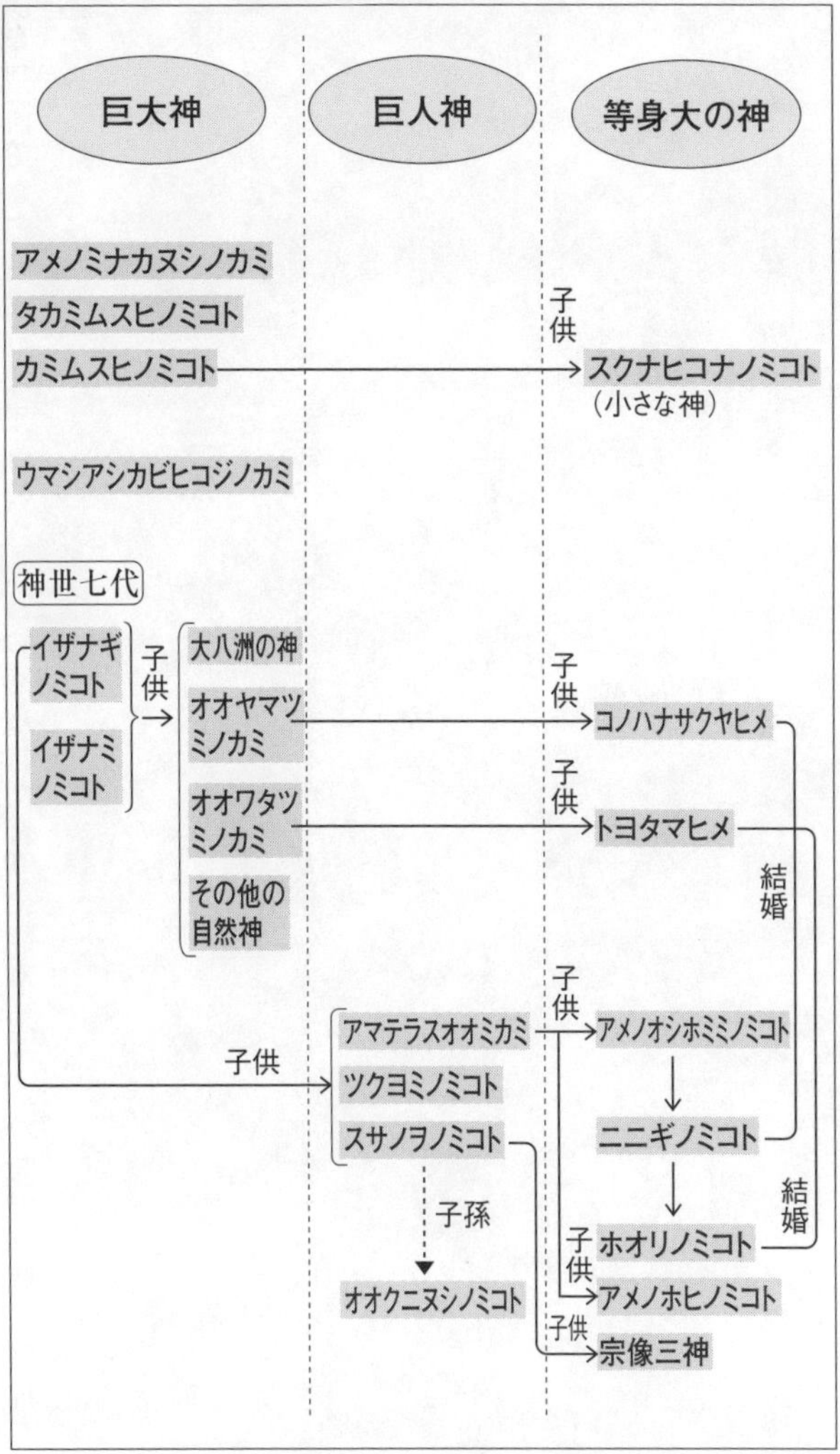
巨大神
巨人神
等身大の神
アメノミナカヌシノカミ
タカミムスヒノミコト
カミムスヒノミコト
子供
スクナヒコナノミコト
（小さな神）
ウマシアシカビヒコジノカミ
神世七代
イザナギノミコト
イザナミノミコト
子供
大八洲の神
オオヤマツミノカミ
オオワタツミノカミ
その他の自然神
子供
コノハナサクヤヒメ
子供
トヨタマヒメ
結婚
子供
アマテラスオオミカミ
ツクヨミノミコト
スサノヲノミコト
子供
アメノオシホミミノミコト
ニニギノミコト
結婚
ホオリノミコト
子孫
オオクニヌシノミコト
子供
アメノホヒノミコト
子供
宗像三神

次章以降で、このような主張のうえにつくられた神話の筋を追うかたちで、個々の日本神話をみていこう。

1
章

●神の出現と日本列島の誕生——

夫婦の神イザナギとイザナミはいかにして「日本」を生んだか

日本神話は、巨大な姿をした「別世界の神」の出現の話からはじまっている。アメノミナカヌシノカミなどの三柱の神と、ウマシアシカビヒコジノカミ[1]と、クニノトコタチノミコト[2]にはじまる神世七代《かみよななだい》（神代七代《かみよななだい》、神世七世《かみよななせい》ともいう）の三系統の別世界の神がいた。

古い時代の神は独神《ひとりみのかみ》であったが、神世七代の後半から夫婦の神があらわれた。そして、神世七代の七代目の神がイザナギノミコト、イザナミノミコトの夫婦の神であった。この夫婦の神は別世界の神でありながら、人間の世界とかかわり深い日本列島創造にかかわる神であった。

イザナギノミコト、イザナミノミコトは、日本列島をつくれという別世界の神々の命令をうけて、泥のような状態にあった地上に天之瓊矛《あめのぬぼこ》を下ろし、海をかきまわして磤馭慮《おのころ》（オノコロ）島《じま》をつくった。

そして、その島に降り、島の中央に巨大な柱を建てて、柱のまわりを巡って夫婦になり、大八洲《おおやしま》とよばれる日本列島を構成する島々を生んだ。

つまり、日本列島は別世界の神のなかでももっとも格下であったイザナギノミコト、イザナミノミコトという巨大神の子どもだとされていたのである。

①ウマシアシカビヒコジノカミ(日)可美葦牙彦舅尊《みこと》
(古)宇麻志阿斯訶備比古遅神
②クニノトコタチノミコト(日)国常立尊(古)国之常立神《かみ》

天と地は〝混沌〟から生まれた

はるか昔の世界は、ニワトリの卵のような混沌《こんとん》としたもので、そこには天地の区分も、陰陽の区別もなかった。長い時間をかけて、そのなかの澄んで明るいものが上にのぼって天となり、重く濁《にご》ったものが下にたまって地になった（『日本書紀』が説く世界の起こり）。

●創世主のいない創世神話

日本の神話に、世界を創造した神が出てこない点に注目したい。ユダヤ教徒やキリスト教徒の信仰の拠《よ》りどころである『旧約聖書』は、ヤハウェが六日間で世界をつくり人間を生みだした話からはじまっている。また、イスラム教徒もアラーがすべてのものをつくりだしたとする。

このような創世神話のうえにたつ宗教は、すべての人間が創造主である唯一神《ゆいいつしん》に従わねばならないと説く一神教となる。それにたいして、日本人は世界も神々も自然にあらわれたとみたうえで、多神教をつくりあげた。

●世界中に広がる「宇宙卵型神話」とは

世界が卵からつくられたとする宇宙卵型神話は、世界のあちこちにみられる。たとえば、フィンランドの叙事詩『カレワラ』には、つぎのようにある。

「世界のはじめに大気の娘イルマタがおり、ひとりで海の上を漂《ただよ》っていた。すると、彼女のもとに一羽の美しいカモが飛んできて、そのひざの上に卵を生んだ。この卵が海に落ちたときに、世界がつくられた。卵のカラの上半分が空に、下半分が大地になった。そして、黄身から太陽、白身から月が生まれた」

卵のカラを破って生き物が生まれることを神秘な奇蹟《きせき》ととらえた古代人が、あちこちでこのような宇宙卵型神話を生んだのであろう。次項では、混沌のなかからつくられた、世界に最初にあらわれた神を紹介しよう。

最初の神・アメノミナカヌシノカミの誕生

「高天原《たかまがはら》」とよばれる神々の世界に、最初にアメノミナカヌシノカミが出現した（『古事記』が説く世界の起こり。次項以降、とくに注記のないかぎり『古事記』による）。

●古代人の〝良心〟が生んだ最高神

このアメノミナカヌシノカミと次項のタカミムスヒノミコト、カミムスヒノミコト③とをあわせて、「造化《ぞうか》三神」とよぶ。

③カミムスヒノミコト㊐神皇産霊尊(古)神産巣日神《かみ》

『日本書紀』では、造化三神の出現の記事は、第四の一書だけにしか出てこない。アメノミナカヌシノカミは、観念的につくられた神である。それは、強い力をもつ最高神が天の世界の中央にいるが、その神は人びとにあれこれ命令を下すものではなく、地上のあらゆるものを黙って見守る存在であるとする考えからつくられた。

これは、人間のもつ良心によって明るい世の中をつくっていかねばならないとする神道《しんとう》的な発想からくるものである。このようなアメノミナカヌシノカミは、「記紀」の神話の完成期に近い七世紀末ごろに、ムスヒの二柱の神の上につくられたものであろう。

●別世界の神が庶民に身近になったわけ

古代人はアメノミナカヌシノカミを信仰の対象としていなかったが、中国の北極星信仰が日本に入ってくると、アメノミナカヌシノカミが北極星と結びつけられるようになった。そして、江戸時代には、北極星をまつる妙見《みようけん》社でアメノミナカヌシノカミがまつられるようになった。

この妙見信仰をつうじて、人びととかけ離れた世界にいるとされたアメノミナカヌシノカミが、庶民《しよみん》の身近なものになったのである。日本人は、神話の世界で別世界の神とされた神まで、身近に引きつけてまつってきた。次項ではアメノミナカヌシノカミについてであらわれたムスヒの神についてみていこう。

生命を育むムスヒの神

アメノミナカヌシノカミのあとに、タカミムスヒノミコト、カミムスヒノミコトがあらわれた。

●「国作り」と「国譲り」にかかわる巨大神

日本神話が完成した七世紀末には、皇室がまつるアマテラスオオミカミや地方豪族のまつるオオクニヌシノミコトがさかんにまつられていた。それゆえ、人びとは自分たちのまつる人間の世界に近い位置にある神が、人間の生活を助ける営みを行なったと考えた。

とはいえ日本神話には、カミムスヒノミコトの息子スクナヒコナノミコト[④]がオオクニヌシノミコトの国作りを助ける物語（165ページ）や、タカミムスヒノミコトがアマテラスオオミカミとともにオオクニヌシノミコトに国譲りをさせる話（174～175ページ）を記している。これは、遠い世界に住む有力な神々も人びとを見守ってきたと説くものである。

●〝ムスヒの神〟が意味するもの

神道《しんとう》は、生命を生みだして育てることが最大の善行だとする。これは、古代人が人間や

④スクナヒコナノミコト㊐少産名命㊄少名毗古那神《かみ》

動物の誕生を驚異の目でみていたことによるものである。男性と女性とが結びつけば、新しい生命ができる。

このような営みをもたらす力が「ムスヒ（産霊《むすひ》）」の神であった。このムスヒの神は、本来は人間の身近に多くいる精霊としてとらえられてきたが、やがて精霊を支配する別世界の巨大神が構想された。

生命の神や、出産を見守る神は、ほかの民族にもあるが、このようなムスヒの観念は神道に特有のものである。ゆえに、日本風のムスヒの神の神話は、ほかの民族にはみられない。

さらに、あとで述べるように、六世紀末ごろ日本神話が、陽の性質をもつ天《あま》つ神《かみ》の世界と、陰の性質をもつ国《くに》つ神《かみ》の世界に分かれたときに、ムスヒの神が陽の性質のタカミムスヒノミコトと陰の性質のカミムスヒノミコトとに分かれたと思われる。

このあと、人びとになじみ深い、古代人がもっとも重んじたムスヒをつかさどる神と、陰にも陽にもかたよらない観念的な最高神アメノミナカヌシノカミとを結びつけるかたちで、七世紀末に造化《ぞうか》三神がつくられた。次項では、日本神話で造化三神とならぶ地位を与えられた巨大神、アシカビの神についてみていこう。

名前だけが伝わるアシカビの神

造化三神が身を隠したあと、ウマシアシカビヒコジノカミがあらわれた。このウマシアシカビヒコジノカミは、何もせずに身を隠した。

●豊作への祈りが生んだ男性神

ウマシアシカビヒコジノカミは、『日本書紀』の第二、第三、第六の一書にもみえる。が、そこにもその神の具体的な仕事は記されていない。「アシカビヒコジ」とは、早春の湿地に生えるアシの芽の霊力をもつ男性神をあらわす。これは、神のはたらきが植物のたくましい生長をもたらすとする信仰のうえにつくられた。

前述のアメノミナカヌシノカミや次項のクニノトコタチノミコトは観念的な神であるが、このアシカビの神は、湿地をひらいて水田をつくってきた農民のあいだで生まれた、植物を育てる霊力にたいする信仰をふまえてつくられたものである。

●樹木の生長と〝世界〟の関係

南方には、植物の生育によって世界がつくられたとする神話が多く分布する。ニュージーランドのマタテゥア族には、あらゆるものが巨大な樹木の実の中から誕生したという神

『日本書紀』にみるアシカビ出現へのみち

- **混沌**……………アブラナスタダヨエルトキ（水の上に浮く油のように漂っていたとき）
- ↓
- **土台出現**……………クニノトコタチノミコトの出現
- ↓
- **泥**……………クニノサツチノミコトの出現
- ↓
- **生命誕生**……………ウマシアシカビヒコジノカミの出現

※『日本書紀』第二の一書より

話があり、ミクロネシアのヤップ島にも、世界のはじめに木があったとする神話がある。

もとは、日本にもアシカビが生長して大きな木になってさまざまなものを生みだしたとする神話があったのだろう。「記紀」の完成の時点では、そのような素朴《そぼく》な神話が、混沌としたものの中から土台となるものがつくられ、そこに泥が生じてアシカビが生えてきたというかたち（上の表参照）に整理されている。

次項のクニノトコタチノミコトは、このような神話の組み替えの段階で生まれた。

国の基礎をつくった「神世七代」

ウマシアシカビヒコジノカミのあとに⑤アメノトコタチノカミがあらわれた。アメノミナカヌシノカミからアメノトコタチノカミまでの五柱《いつはしら》は別世界の神

⑤アメノトコタチノカミ㊐天常立尊《みこと》(古)天之常立神

であるが、そのあとに人びとが生活する世界に近い位置にいる神世七代《かみよななだい》の神が出現した。神世七代の神はクニノトコタチノミコトなど三代の独神《ひとりみのかみ》と、四代の夫婦の神から成っていた。

●七代の神が生まれた経緯

クニノトコタチノミコトは、国土の基礎として永遠に生きる神である。『日本書紀』の本文は、このクニノトコタチノミコトを最初の神とする。この神は、「記紀」神話の完成期にあたる七世紀末ごろに考えられたものであろう。『日本書紀』では、クニノトコタチノミコトのつぎに植物を育てる泥をあらわす⑥クニノサツチノミコトがあらわれたという。この神は、古くから信仰された前項のアシカビの神と同じ性格の神である。

そして、そのあとで、この二代の神と、前から伝わっていた夫婦の神が日本列島を生んだとする神話とを結びつけるために、神世七代の残りの四代（独神一柱と三組の夫婦の神）の神名が考えだされた。神世七代という発想は、奇数三と偶数四とを足した七をめでたい数字とする中国の考えによってできたものである。

●なぜ創世神は〝多様〟なのか

前にも述べたように、日本神話には三系統の創世神が出てくる。そのなかの、アシカビ

⑥クニノサツチノミコト(日)国狭槌尊(古)なし

五柱の別天地の神と神世七代の神

別天地の五柱の神

〈造化三神〉

❶ アメノミナカヌシノカミ　タカミムスヒノミコト　カミムスヒノミコト
（最初に現れた神）　（〝ムスヒ〟の神）

❷ ウマシアシカビヒコジノカミ

（アメノトコタチノカミ…❶❷と❸とを結ぶために後でつくられた神）

③ 神世七代の神

(1) クニノトコタチノミコト
（国の基礎の神）

(2) クニノサツチノミコト
（国のもとである土の神）

(3) トヨクムヌノミコト
（植物が繁栄することをあらわす神）

(4) ウイジニノミコト ＋ スイジニノミコト
（田畑の土をつくる神）

(5) オオトノジノミコト ＋ オオトマベノミコト
（家屋をつくる神）

(6) オモダルノミコト ＋ カシコネノミコト
（すぐれた男性、女性をつくる神）

(7) イザナギノミコト ＋ イザナミノミコト
（男女の結びつきをあらわす神）

※(1)～(7)の神世七代の神は、国土ができて豊かな原野がつくられ、耕地や村落ができて、男女が夫婦になって家をつくるありさまを神名としている

の神やムスヒの神は古くからの信仰にもとづく神であるが、アメノミナカヌシノカミやクニノトコタチノミコトは新しく考えだされたものである。

このように、日本神話はひとつの価値観にもとづいて整った体系の神話をまとめるのではなく、さまざまな由来のものをよせ集めてつくられている。このことは、神話の基礎となる神道が、あれこれ異なる信仰に寛容《かんよう》に接する多神教であることにもとづくものである。

別世界の神の話はここまでにして、次項からは日本列島を生んだとされるイザナギノミコト、イザナミノミコトの夫婦の神についてみていこう。

塩から生まれた日本最古の島

イザナギノミコトとイザナミノミコトは、天の神々から、「泥のような世界に国をつくれ」という命令をうけた。そこで二柱の神は、天《あめ》の浮橋《うきはし》とよばれる低空にある雲に立ち、そこから天之瓊矛《あめのぬぼこ》を下界に下ろし、海水をコオロコオロとかきまわして引きあげた。

すると、矛《ほこ》からしたたる塩が固まって磤馭慮《おのころ》（オノコロ）島《じま》ができた。

●オノコロ島はどこにあるのか

ここに出てくるオノコロ島は、本来は「おのずからこり固まってできた島」をあらわすものので、実在しない神話上の島であった。イザナギノミコトとイザナミノミコトがそこで日本列島の島々を生んだのちに、オノコロ島は溶けてもとの塩にもどったのだろう。

しかし、のちにイザナギ信仰の発祥《はっしょう》地である淡路島《あわじしま》付近に、「ここがオノコロ島だ」といわれる地が二、三あらわれた。平安時代はじめにできた『新撰亀相記《しんせんきそうき》』は、オノコロ島は紀淡《きたん》海峡にある友ヶ島《ともがしま》であるとしている。また、江戸時代には淡路島北部の岩屋の近くの絵島《えしま》をオノコロ島とする説も出された。友ヶ島も絵島も、関西では有名な観光地である。

●国土はもともと「魚」だった?

オノコロ島の生成の物語に似た、海中を探って島をつくるかたちの神話は、ポリネシア、ミクロネシア、メラネシアなどの南方に広く分布している。ニュージーランドのマオリ族には、英雄マウイとかれの兄弟が小舟で釣りに出かけて、魔法の釣り針で釣りあげた巨大な魚が陸地になったという神話がある。

国土を魚類にたとえる話は、漁民のあいだに広まったものと思われる。オノコロ島伝説は、イザナギノミコトを信仰する淡路島の漁民が南方からとり入れたものではなかったろうか。それは、もとは神が魚を釣るかたちであったが、その話が宮廷にとり入れられた段階で、釣り道具が矛《ほこ》に、魚が塩のかたまりに変えられたと思われる。

「記紀」の神話は、このようなかたちでさまざまな民間の神話をとり入れながらつくられてきた。次項では、オノコロ島でのイザナギノミコト、イザナミノミコトの婚姻《こんいん》の意味について考えよう。

イザナギ・イザナミ夫婦の登場

イザナギノミコトとイザナミノミコトは、オノコロ島の生成をみて、島に降り立った。かれらが、最初に地上に降りた神である。このとき二柱の神は、夫婦になって国をつくろうと考えていた。

●南方に広がる「国生み」の神話

夫婦の神の子どもが島になったという「国生み神話」は、太平洋沿岸に広く分布する。ハワイには、つぎのような興味深い話がある。

「ワケアとババの夫婦の神がハワイ島とマウイ島（左図の①）を生んだが、そのあとワケアはババが留守のあいだに女神カウラと不倫をしてラナイ島（②）を生ませた。そのことに怒ったババは、男性の神ルアとのあいだにオアフ島（③）をもうけたが、のちにババはワケアを許して、夫のもとにもどってカウアイ島（④）、ニイハウ島（⑤）を生んだ」

ハワイ諸島

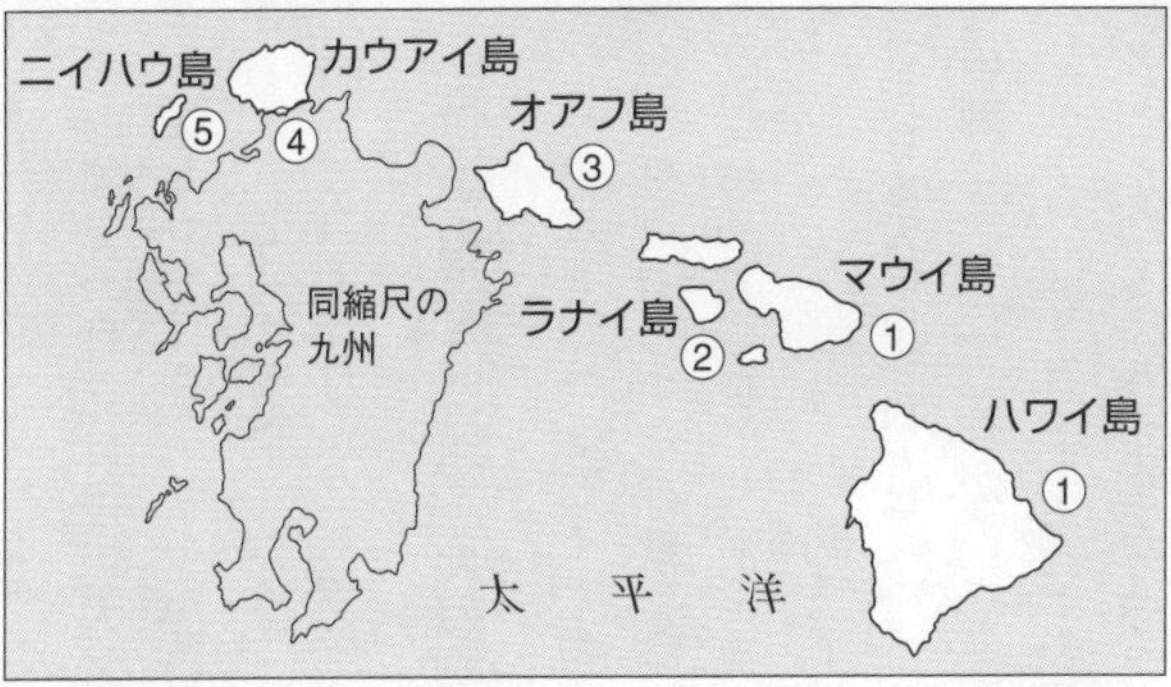

※神話に出てくる島が東から西にきっちりと並んでいるのが興味深い

このババは、ハワイの人びとに「島生みのババ」とよばれて慕《した》われている。ババは大地を意味する語で、彼女の夫の名前のワケアは天をあらわすものであったとされている。

●夫婦の神の別離《わかれ》のかたち

ニュージーランドに天の神ランギと地の神パパを主人公とする天地分離神話がある。ふたりは結婚して万物を生んだあとでも抱きあっていたが、のちに樹木の神タネが天を持ちあげて天地を分けたため、人びとは天と地のあいだで生活するようになったとするものである。これによって夫婦の神は、別々に生活せざるをえなくなったとされる。

このような夫婦の神の別離の話が、ハワイでは夫婦の神の不倫による仲違《なかたが》いのかたちに変わり、日本ではあと（68ページ以降）で記すような、黄泉《よみ》の国訪問によるイザナギノミコトとイザナミノミコトとの対立の話になった。

黄泉の国での対立以後、天父《てんぷ》のイザナギノミコトは天神の祖先となり、地母《ちぼ》であるイザナミノミコトは地下にある黄泉の神となる。このように日本神話は広大な太平洋沿岸に広がる天父地母の神話とつながっている。次項ではイザナギノミコトとイザナミノミコトの結婚がどのようなかたちで成されたかをみていこう。

宇宙の中心にたつ「天の御柱」

イザナギノミコトとイザナミノミコトは、オノコロ島に天《あめ》の御柱《みはしら》という高い柱を建て、その柱を中心とする御殿をつくった。そして、天の御柱を逆むきにまわって出会ったときに交わって、日本列島を構成する島々を支配し人びとを守る子神たちを生むことにした。

●古代日本人の地理観とは

「天の御柱」とは、神がのぼり降りする神聖な柱を意味する言葉であった。『日本書紀』には、イザナギノミコトが御子のアマテラスオオミカミを天の御柱で天上にあげて高天原の支配者としたという記事がある。

しかし、オノコロ島の天の御柱は「国中の柱《くになかのはしら》」ともよばれる特別のものであった。「国中の柱」の語は『日本書紀』に出てくるものであるが、中世に書かれた『日本書紀』の注釈書『釈日本紀《しゃくにほんぎ》』は、国中の柱は天地、宇宙の中心軸であるとする。

日本神話は、日本が世界の中心であり、さらにその中心をイザナギノミコトがまつられた淡路島の近くにあったオノコロ島だとする地理観をもっていたのである。

●伊勢に移された天の御柱

古代人は、神々は高い樹を目標に天から降りてくるとする信仰をもっていた。そのため、現在でも神殿の中心にある柱を祭神の神座とする神社がみられる。伊勢神宮の正殿の床下には、心御柱《しんのみはしら》という五尺（約一・五メートル）ほどの小さな柱が埋められている。

それは、天の御柱の別名をもち天地の中軸とされている。つまり、天皇家の祭祀《さいし》が整備されるなかで世界の中心の位置が「オノコロ島」という架空《かくう》の地から、皇室の守り神である伊勢神宮に移されたことになる。

この例にみられるように、天皇家は民間に伝わるさまざまの神話や信仰を自家の祭祀や神話のなかにとりこんできた。次項では、イザナギノミコトとイザナミノミコトが天の御柱のそばで最初に生んだ子どもについてみていこう。

イザナギ夫婦の最初の子・ヒルコ

イザナギノミコトとイザナミノミコトは天の御柱をまわり、まずイザナミが「なんとよい若君よ」といい、ついでイザナギが「なんとよい姫君よ」と声をかけた。このあとふたりは子どもをもうけたが、生まれたのは意にそわないヒルコ⑦だった。

●やり直された〝子づくり〟

ヒルコが生まれたあと、夫婦の神は天の神々に何が悪かったのか、お伺《うかが》いをたてた。そして、「男性が先に声をかけるように」と言われてそれに従ったところ、つぎつぎに良い子どもをさずかることになった。

人間の祖先となる兄と妹の神が夫婦になって子どもを生む神話は、南方に広く分布する。このかたちの神話は、最初は親の意にそわない子どもができるが、何らかの祭りや呪術を行なったのちに立派な人間が生まれるというかたちをとる。

それは、神話を語りつぐ集団が日常的に行なう祭りや呪術の大切さを説くものであるが、日本ではそれが、「男性が中心になって家庭を営んでいくように」という教えに変えられた。

⑦ヒルコ㊐蛭児㊂水蛭子

西宮神社の歴史

古代	漁民がエビス神をまつる（エビス神はヒルコが西宮に流れついて夷三郎《えびすさぶろう》と名のったものとされる）
室町時代	大坂湾沿岸が商業地となったため 漁業の神 が 福の神 に変わる
戦国時代〜江戸時代	傀儡師《くぐつし》が全国に布教したため、エビス信仰が全国化する

●エビス神になったヒルコ

ヒルコは父母によって葦舟《あしぶね》にのせられて、海に流されたという。この話が、すぐれた能力をもつ神が海の彼方《かなた》の神々の世界、常世《とこよ》の国からやってくるとする古代の「エビス信仰」と結びついた。

そして、ヒルコは海を漂ったのちに「エビス神」としてもどってきたとされて、兵庫県の西宮《にしのみや》神社のようなヒルコをまつる神社がつくられた。多神教をとる日本人には、神話のうえではよけいなものとされたヒルコまで神としてまつるのである。つぎに、ヒルコのあとでどのようにして日本列島を構成する島々がつくられたかをみていこう。

日本列島の誕生

天の神の教えに従ったイザナギノミコトとイザ

ナミノミコトは、まず淡路島（淡路島を治める神）を生んだ。ついで、豊秋津洲《とよあきつしま》（本州）、四国、九州、隠岐《おき》と佐渡《さど》の双生児の島、越島《こしのしま》（北陸地方）、大島《おおしま》（山口県の大島）、児島《こじま》（現在は陸つづきの児島半島になっている）が生まれ、「大八洲《おおやしま》」の別名をもつ日本が完成した（『日本書紀』による）。

大八洲誕生の順序

『古事記』	『日本書紀』
①淡路島《あわじしま》	①淡路島
②四国	③四国
③隠岐島《おきのしま》	⑤隠岐島
④九州	④九州
⑤壱岐《いき》	
⑥対馬《つしま》	
⑦佐渡島《さどがしま》	⑤佐渡島
⑧豊秋津洲《とよあきつしま》（本州）	②豊秋津洲
	⑥越島《こしのしま》
	⑦大島《おおしま》
	⑧児島《こじま》

※数字は登場する順番

●「大八洲」とはなにか

ここには『日本書紀』本文の国生みの話を記したが、『古事記』のものと『日本書紀』のものとでは大八洲の構成も島々が生まれた順番も異なる（右の表参照）。これは、はじめに「大八洲」の語があったが、それが具体的にどの島々をさすかが明らかでなかったことによるものである。

古代語の「八」が、八個というきっちりとした数ではなく、数が多いありさまをあらわ

国生みに出てくる島

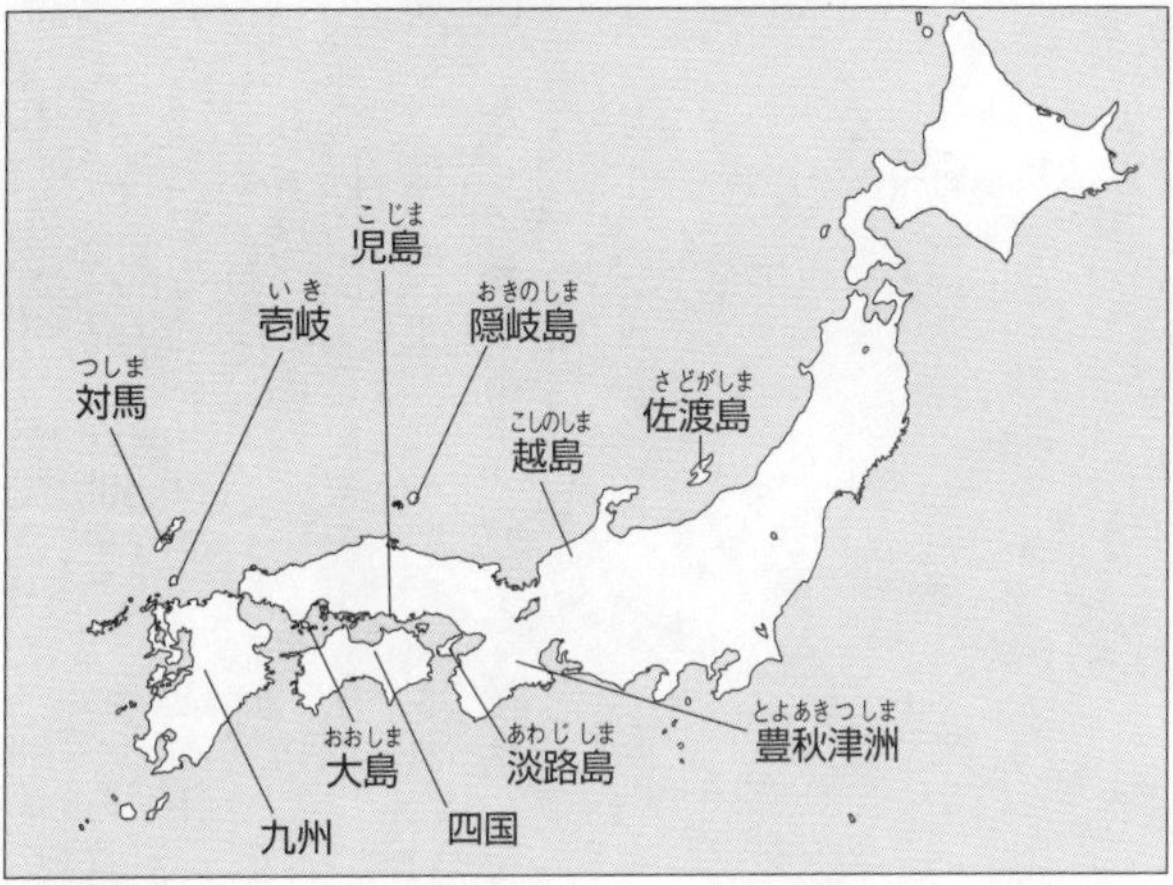

すことがある。このことからみて、「大八洲」の語は、もとは「多くの島から成るすぐれた国」をあらわす漠然《ばくぜん》とした美称にすぎなかったと考えられる。

●生まれた島が西日本に多い秘密

国生みに出てくる島々の大部分が、瀬戸内海を中心とする海上交通で結ばれていたことに注目しておきたい。上の地図に示したように、それらの多くは西日本にある。

国生みでは、北陸地方をあらわす「越島《こしのしま》」が豊秋津洲《とよあきつしま》と異なるものとされている。このことから、本州をあらわす豊秋津洲が、おもに近畿地方と中国地方をさすものであったことがうかがえる。越島が船でしか行けない辺地とされていることからみて、このような地理観は大和朝廷の東国経営が不十分であった五世紀のものであるとみられる。

つまり、淡路島で五世紀ごろつくられた神話が手を加えられないまま「記紀」にとりこまれたことになる。イザナギノミコト、イザナミノミコトを主人公とした日本の創世神話は、淡路島の伝承をふくらますかたちでつくられたのだが、王家がどのような経緯で淡路島の航海民の伝承を自家の祖先伝承につなげたかは明らかではない。

次章では、国生みについで記された神々の誕生、イザナギノミコトによる黄泉《よみ》の国訪問といった〝イザナギ・イザナミ神話〟をみていこう。

2
章

●自然神の誕生と夫婦の神の決別――

亡き妻を追って黄泉《よみ》の国へ。そこでイザナギが見たものとは

イザナギノミコトとイザナミノミコトは、日本列島を構成する島々（島々の守り神）を生んだが、その時点での日本列島は土がむきだしの荒れ地にすぎなかった。島の周囲には広大などろどろの湿地が広がり、そこと海との境《さかい》が明らかでないありさまだった。

そこで、イザナギノミコトとイザナミノミコトは、海、川、山、木、草（海の神、川の神など）をつくった。これによって、山や森林や川のある豊かな緑に恵まれた大地と、それをとりまく美しい海岸線とから成る風景がつくられた。このあと夫婦の神は、人間生活に必要な、風や穀物や火の神を生んだが、イザナミノミコトは火の神カグツチ①に焼かれて亡くなってしまった。

イザナギノミコトは怒りのあまり、カグツチを斬《き》り殺したが、このとき、カグツチの体から多くの神が生まれた。

悲しんだイザナギノミコトは、妻をとりもどそうとして死者の住む黄泉《よみ》の国に行くが、そこで妻の死体をみて、妻の正体を垣間見《かいまみ》てしまい、その怒りをかって地上に追い返された。このことによって、生者の世界と死者の世界との対立がはじまった。そして、このとき、人間のこの世における生命が限りあるものとされたことによって、死者の数にみあった新たな生命が誕生してくるようになった。

①カグツチ㊐軻遇突智(古)迦具土神《かみ》

海の神の出現

イザナギノミコトとイザナミノミコトは、日本列島を構成する島々を生んだすぐあとに、海をつくった。このときに、海の神が生まれた。

●海のむこうの文明へのあこがれ

日本神話の海の神は、オオワタツミノカミ（『古事記』）やワタツミノミコト（『日本書紀』）とよばれている。

日本の古代人は、海のはての世界にあこがれていた。中国、朝鮮や南方からの新しい文化が、海をわたって伝わってきたからだ。

そのため、海外との交易に従事する航海民が勇気ある人びととして尊敬された。大和朝廷に仕《つか》えた航海民を支配したのが阿曇《あづみ》氏である。この阿曇氏の祖先神がオオワタツミノカミであった。

●志賀島の海人《あま》を率いる阿曇《あづみ》氏の活躍

「トモ」とよばれる王家直属の家臣として大王《おおきみ》の支配を助けたのが、連《むらじ》のカバネ（姓《かばね》。古代の豪族が氏《うじ》の下につけた称号）をもつ豪族であった。

志賀海神社

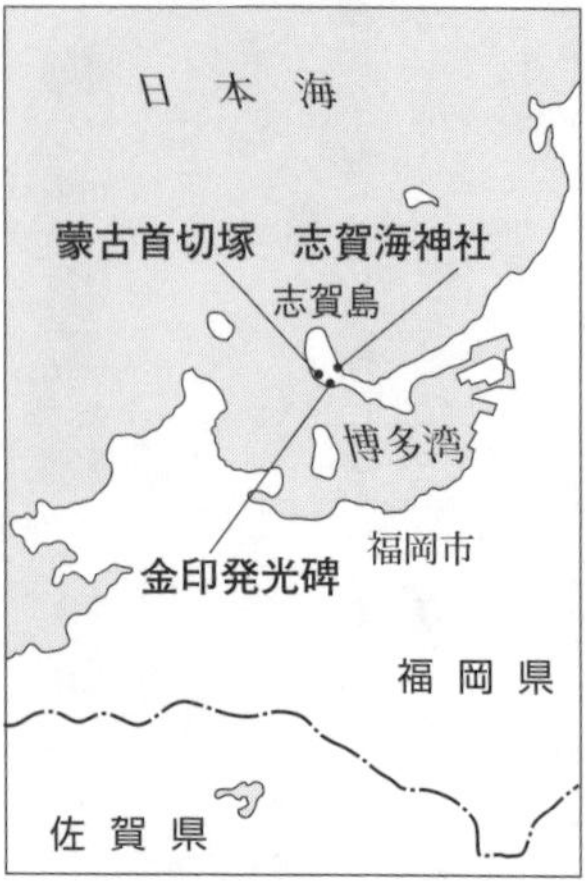

連姓の有力豪族

豪族名	祖神	職務
物部《もののべ》	饒速日命《にぎはやひのみこと》	鎮魂祭、裁判
大伴《おおとも》	天忍日命《あめのおしひのみこと》	宮廷の警備
佐伯《さえき》	天忍日命	宮廷の警備
中臣《なかとみ》	天児屋命《あめのこやねのみこと》	祭祀
阿曇《あづみ》	大綿津見神《おおわたつみのかみ》	水軍の指揮
土師《はじ》	天穂日命《あめのほひのみこと》	葬礼

それゆえ、上の表に示したオオワタツミノカミなどの連姓をもつ有力豪族の祖先神は、日本神話のなかで、重要な役目をになうことになった。

阿曇氏は、もとは朝鮮半島との交易の拠点であった航海民の長《おさ》であったとされる。

志賀島《しかのしま》には、現在でもワタツミの神をまつる志《し》賀《か》海《うみ》神社がある。

そして、その近くで紀元五七年の中国の後漢朝との交易でもたらされた金印の出土地をあらわす石碑がみられる。

次項でとりあげるオオヤマツミノカミが、山の神でありながら、志賀海神社をまつる阿曇氏とも深いかかわりをもつことにも注目しておきたい。

航海民と山の神の関係

イザナギノミコトとイザナミノミコトは、最初に生命のもとである水をたたえた海と川をつくり、つぎに陸地を山と平地とに分けた。このときに、山の神があらわれた。

●山の神はどの辺りにいるか

日本神話の山の神の名は、オオヤマツミノカミ（『古事記』）ともヤマツミ（『日本書紀』）ともいう。

古代人の世界観では、人里《ひとざと》に近い往来が可能な「里山《さとやま》」と、「奥山《おくやま》」「深山《みやま》」などとよばれる人里はなれた山とは、異なる世界だとされていた。

奥山は戦国時代のころまで、「山の民《やまのたみ》」などとよばれる中央政権の支配下に属さない人びとの居住地であったのだ。日本神話の山の神は、そのような奥山の神ではなく、農民や漁民に身近な里山の神であった。

●航海民が山の神をまつる理由

オオヤマツミノカミをまつる神社は、日本全国に一万余社あるが、そのなかの総本山が、愛媛県大三島《おおみしま》町の大山祇《おおやまつみ》神社である。そこは、古くから瀬戸内海沿岸の水軍の信仰をあつ

大山祇神社

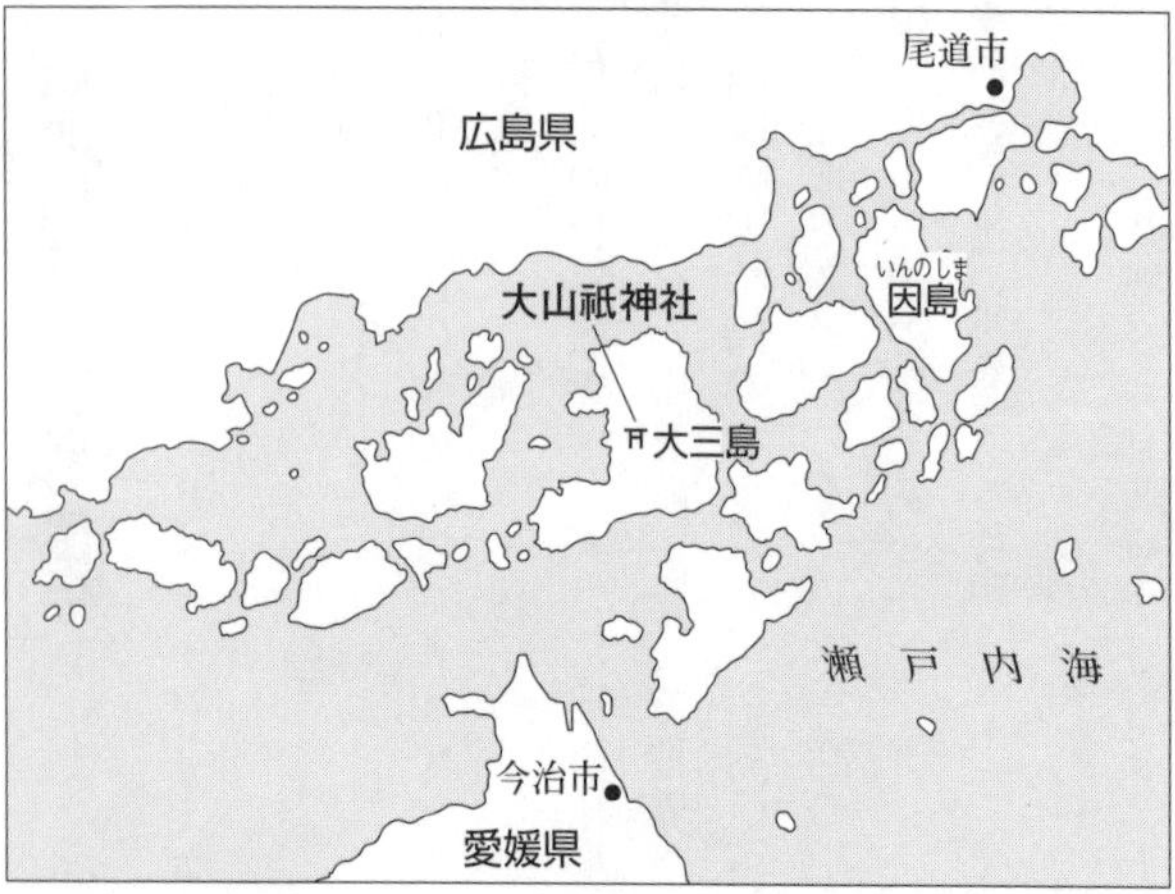

めた。そこの宝物館には、瀬戸内海を往来した武将が奉納《ほうのう》した国宝級の鎧《よろい》兜《かぶと》が多くのこっている。

阿曇氏は北九州から瀬戸内海沿岸に勢力をのばし、やがて本拠地を大阪湾沿岸に移すが、その過程でこの大山祇神社やワタツミの神をまつる神戸市の海《かい》神社がつくられた。

阿曇氏とその配下の航海民は、自分たちの生活の場である海の神とともに、海の生物に必要な栄養をもたらす山の神をまつったのである。かれらは、森林の豊かな山の下の海は魚介類が豊富で、荒れ地のそばの海ではろくな獲物がとれないことを経験で知っていた。ゆえに、かれらは山の神をよくまつった。このような阿曇氏の山の神、海の神の信仰が王家に取り入れられたのだ。

イザナギノミコトとイザナミノミコトの夫婦の神が生んだ神々のなかのもっとも有力な神が海の神と山の神であるが、次項ではかれらとともにどのような神が生まれたのかをみていこう。

次々に生まれる神々

イザナギノミコトとイザナミノミコトは、国生みのあと、木の神、草の神、風の神、穀物の神など、地上で人びとが生活するうえで欠かせない神々をつぎつぎに生んだ。

●夫婦神が生んだ八百万《やおよろず》の神

日本では、きわめて多くの神がまつられているが、系譜《けいふ》の確かでない自然現象をあつかう神は、すべてイザナギノミコトとイザナミノミコトとのあいだの子神だと考えてさしつかえない。

この神々の誕生について、『日本書紀』の本文は、海の神、川の神、山の神、木の神、草の神といった重要な神を例示的にあげたのちに、自然現象をつかさどる神の誕生のあとに、もっとも格の高い神である太陽の神があらわれたとする（次ページの表参照）。

自然神出現の順序

出典	『日本書紀』本文	『日本書紀』第六の一書	『古事記』
神々	海の神 川の神 山の神 木の神 草の神	風の神 穀物の神 海の神 山の神 海峡の神 木の神 土の神	大事をなしおえる神 石や土の神 戸口の神 家屋の神 海の神 河口の神 水の神 風の神 木の神 山の神 野の神 船の神 食物の神
注記	このあと太陽神が生まれる	このあと火の神が生まれる	このあと火の神が生まれる

●自然神の出現に関する異伝

自然神があらわれた順番についての記述は異伝によってまちまちである。これは、大八洲《おおやしま》がつくられたあとに多くの神が生まれたとする言い伝えが、さまざまなかたちの話に発展していったことを示すものである。

『日本書紀』の第六の一書に、神々の出現の順序について、もっとも整理されたかたちの伝えが記されている。また、『古事記』は、②オオコトオシヲノカミという大事をなしおえることを示す神を最初においている。これはイザナギノミコトとイザナミノミコトが、オオコトオシヲノカミのあとに石や土の神、戸口の神など

②オオコトオシヲノカミ(日)なし(古)大事忍男神

のほかに、いろいろな役割をもつ数えきれないほど多くの神を生んだことを暗示するものである。

自然神があらわれた順番については多様な伝えがあるが、自然神の誕生の話の終わりにかならず次項で述べる火の神の出現がおかれていることに注目しておきたい。

火の神の出現と母イザナミの死

イザナミノミコトは多くの神々が誕生したのちに、火の神カグツチを生んだ。ところが、彼女は火の神が生まれるときに、子神のもつ熱に焼かれて亡くなった。

●火の神はなぜ〝最後〟に生まれたか

父神イザナギノミコトはイザナミノミコトを死なせてしまったことを責めて、カグツチを斬《き》り殺した。すると、斬られたカグツチの体や血から多くの神が生まれた。

人びとを守る自然神の最後に火の神が生まれたとする神話は、恐れと敬いとが入り交じった古代人の火にたいする複雑な感覚をもとにつくられた。

かれらは、自分たちが火を得たことによって文明をつくり、人間をうわまわる体力をもつ猛獣にもうちかつ力を得たことをよく知っていた。古代の日本人は、聖なる者を「ひ」

とよんだが、「火」は「日」と同じく人間の生活に欠かせないものとして「ひ」とよばれた。

しかし、火のあつかいを誤ると、あらゆるものが焼かれてしまう。そこで火災を恐れた古代人は、人間の知恵が火を上手にあつかえる段階にまで発展した時点に火の神の出現をおこうとして、火の神の誕生を自然神の誕生の物語の終わりにもってきたのである。

●母神の死が意味するもの

オセアニアや南米のあちこちに、神聖な女性が最初の火を生んだとする神話がみられる。これは古代人が使った火鑽臼《ひきりうす》と火鑽杵《ひきりぎね》で火をおこす作業が、人間が誕生するありさまを連想させたことによるとされる。

神聖な女性が火を得たことによって、人間は動物より偉くなった。動物でも山や森林や海がもたらす自然の恵みにあずかれるが、人間だけが火を利用できる。こう考えた古代人は、母神が火にまさる何かをサルやクマに与えないように、火をつくったのちにすみやかに母神に別世界に行ってもらいたいと考えた。

●火の神の子孫がもたらす〝恵み〟とは

『日本書紀』は、カグツチは、生まれてすぐにハニヤマヒメ③という土の神と結婚したと記す。そして、カグツチの没後にハニヤマヒメがワクムスヒ④という女神を生んだとされる（『古

③ハニヤマヒメ㊐埴山姫(古)波迩夜須毘売神《はにやすひめのかみ》
④ワクムスヒ㊐稚産霊(古)和久産巣日神《かみ》

事記』はワクムスヒをイザナミノミコトの子とする）。父神が母神を看病してその最期をみとっていたあいだに、カグツチの子づくりがなされたことになる。

カグツチの娘のワクムスヒは、蚕《かいこ》と桑《くわ》、五穀《ごこく》をつくりだして人びとの生活を豊かにしたとされる。この話は、火の霊と土の霊とが力をあわせて豊穣《ほうじょう》をもたらすとする信仰からつくられたもので、農耕神をまつるときに火をたく火祭りは、この信仰からくるものだ。

火の神の子孫

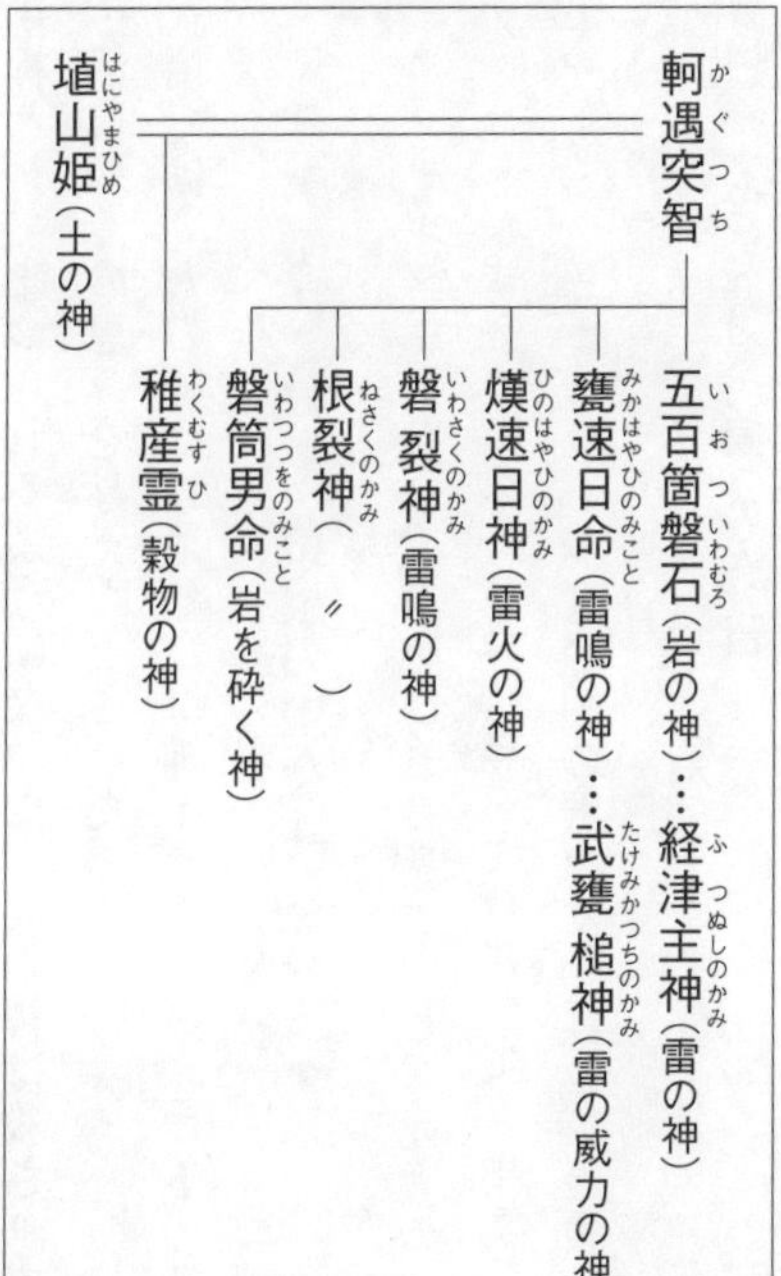

さらに、カグツチの体から多くの岩石の神や雷の神、雨の神が生まれたとする話もある。これは、火山の噴火や暴風雨は、殺された火の神の怒りによって起こるものだとする考えにもとづいている。カグツチの子孫の神は、本来は恐ろしい神であったが、のちには

農耕神としてまつられるようになった。火の神は殺されても、その神の子孫は古代人の農耕生活に多くの恵みを与えたとされたのだ。

次項では、火の神に殺された母神イザナミノミコトのその後をみていこう。

イザナギノミコト、黄泉の国を訪れる

イザナギノミコトは、妻をひと目見ようと、死者の住む黄泉《よみ》の国を訪れた。イザナギノミコトが黄泉の国の入り口に妻をよびだして「地上にもどってくれ」と頼んだところ、イザナミノミコトは「黄泉の国の神々に相談してきます」と言って黄泉の国の奥に入っていった。

●出雲にあった黄泉の国への入り口

古代の日本人には、人間の霊魂は不滅で、死者の霊は人びとの身近なところで生活していると考えていた。そのため、村落の近くの姿のきれいな山を祖霊のあつまる山として尊ぶ習俗が、近年まであちこちに残っていた。

日本神話には、黄泉の国とこの世との境《さかい》は「黄泉津比良坂《よもつひらさか》」であると記されている。そしてそこは、出雲国の伊賦夜坂《いふやさか》という実在の土地だとある。かつて、日本のあちこちに伊

賦夜坂のような死後の世界に通じる特別な土地があった。

●あの世とこの世を行き来できた時代

日本の古代人は祖先の霊魂は自由にこの世を訪れることができるが、生きている者はかんたんに死者の世界をみられないとする世界観をもっていた。

ところが、日本神話ではイザナギノミコトとイザナミノミコトとが国生みをしていた時代には、あの世とこの世との行き来は自由であったとされている。

そこで、人間が自由に死者の世界に行けなくなった理由を説明するために、次項以下で紹介するイザナギノミコトとイザナミノミコトとの争いの話がつくられた。

火の穢れを負ったイザナミノミコト

イザナミノミコトは、黄泉の国の神々に相談に行く前に「私はすでに黄泉の国で調理された料理を食べてしまいました」と言い残していた。この言葉は、妻の帰りを待ちわびるイザナギノミコトを不安にするものだった。

●死者への恐れと「黄泉戸喫《よもつへぐい》」のまつり

黄泉の国の人間になるために、そこの食物を食べることを「黄泉戸喫《よもつへぐい》」という。古代の日本人は、悪意をもった死者が生き返って災いを起こすことを大いに恐れていた。そこで大和朝廷では死者の災いを避けるために、死体に食物をそなえる黄泉戸喫《よもつへぐい》の習俗がつくられた。

古墳の石棺《せっかん》の前で、黄泉戸喫のまつりに用いたと思われる土器が出土した例がいくつかある。

●「死者の国の食物」とは

死後の食事を忌《い》む習俗は、世界のあちこちにみられる。ギリシャ神話には、女神ペルセオネが死者の国のザクロを食べたために地上にもどれなくなった話がある。彼女は、死者の国の王であるプルトンにさらわれたが、母神のデメテルに助けだされた。しかし、プルトンが与えたあの世の食物を口にしたために、一年の半分を死者の国で過ごさざるをえなくなる。

こういった話は、ヨーロッパ、アジア、オセアニアの各地に分布している。しかし、そういった話に出てくる食物の多くは、ザクロ、バナナ、リンゴなどの生の果物である。それにたいして日本神話は、黄泉の国の火でたいた食物を穢《けが》れたものとする。

このことは、死者の国の食物を忌む考えと、死者の国の穢れた火への恐れとがあわさって、黄泉戸喫《よもつへぐい》によってイザナミノミコトが黄泉の国の神になったとする話が生まれたことを示している。

黄泉戸喫をした妻は黄泉の国の住人となって、次項に述べるように、イザナギノミコトの恐ろしい敵になってしまう。

黄泉の国の住人となったイザナミノミコト

イザナギノミコトはついにしびれをきらし、頭の櫛《くし》に火をつけてそれを明かりにして黄泉の国に入っていった。まもなくかれは、ウジがたかって腐った妻の体と、そこから生まれた八体の雷神《らいじん》をみつけた。

●地上と黄泉の国の対立

黄泉戸喫をすませたイザナミノミコトは、黄泉の国の住人になりきってしまったのである。彼女は黄泉の国で、人びとにさまざまな災いをもたらす雷神を生んだ。

日本神話の筋にそって読むかぎり、イザナギノミコトが黄泉の国を訪ねていく前にすでに、イザナギノミコトが支配する地上とイザナミノミコトが治める黄泉の国とはたがいに相容《あいい》れない関係になっていたと考えざるをえない。

●ギリシャの「オルペウス神話」との関係

イザナギノミコトの黄泉の国訪問の話は、ギリシャのオルペウス神話と似たつくりをとっている。

オルペウス神話は、オルペウスが亡くした妻をつれもどすために死者の国に行く物語である。死者の国の王プルトンは、オルペウスに妻を返すが、「地上に着くまで妻の姿をみてはならない」という。

しかし、途中で妻が自分の後ろにいるかどうか不安になったオルペウスが振り返ったために、妻は死者の国にもどされてしまう。

このようなオルペウス型神話は、きわめて限定された範囲に分布する。それは、北アメリカとポリネシアには広くみられるが、その他の地域では、日本とギリシャでしかみられない。

巫女《みこ》が死者の霊をよびだして、遺族と話をさせるシャーマニズム（神託《しんたく》）の習俗がみられるところで、オルペウス型神話が生みだされたのではないかとする説もある。そうするとその神話は、「巫女の口をつうじて死者の知恵をかりるのはよいが、死者をよびもどそうとしてはならない」と教えるためにつくられたことになる。次項で示す、妻の姿をみてしまったイザナギノミコトの行動の意味を知ることをつうじて、日本におけるオルペウス型神話の役割がより明らかになっていくと思われる。

地上に逃げ帰るイザナギノミコト

自分の恥ずかしい姿をみられたことを怒ったイザナミノミコトは、泉津醜女《よもつしこめ》という醜《みにく》い女性たちに夫を捕らえさせようとした。このとき、イザナギノミコトは、冠《かんむり》と櫛《くし》を投げて醜女の追跡から逃《のが》れた。

●投げたモノが食べ物に変わる

イザナギノミコトが冠にしていた蔓草《つるくさ》がヤマブドウになったので、醜女《しこめ》は夢中になってヤマブドウの実をむしりとって食べたという。そして、ヤマブドウを食べ終わった醜女が迫ってくると、イザナギノミコトは櫛の歯を投げた。すると、それがタケノコに変わった。醜女はタケノコもむさぼり食ったが、タケノコは何枚もの皮におおわれている。そこで、醜女がタケノコの皮むきに手こずっているあいだに、イザナギノミコトは遠くに逃げきってしまったという。

このような話は、「呪的逃走の説話」とよばれる。

呪的逃走説話の分布

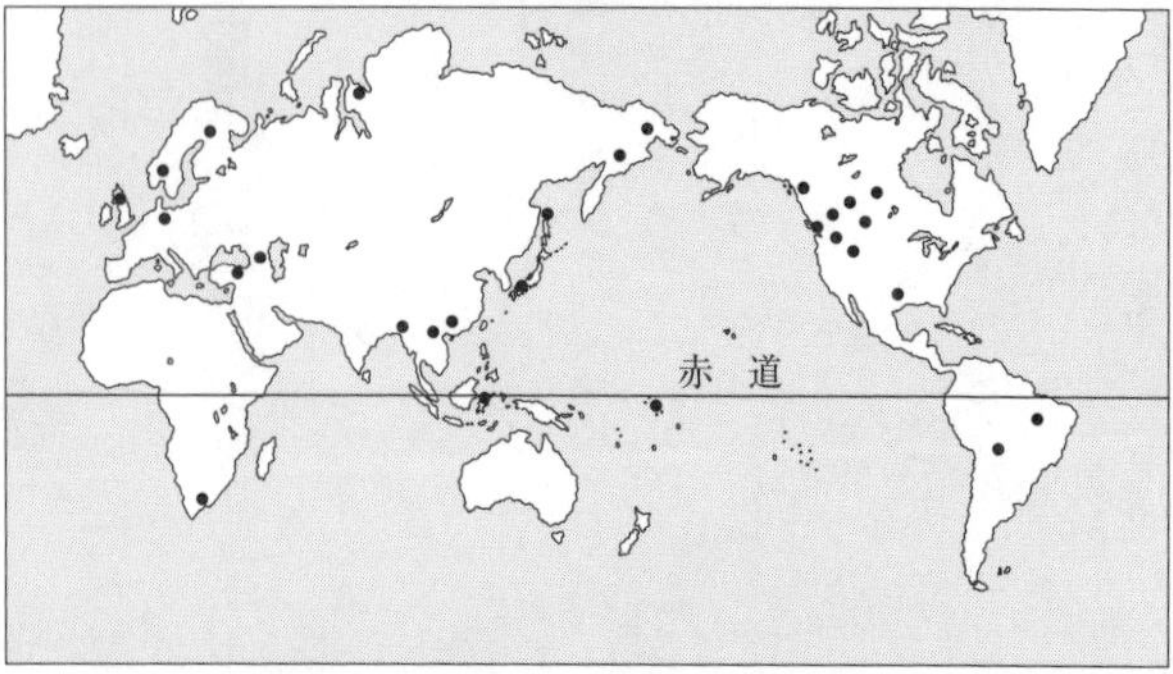

『神話から歴史へ』(井上光貞著、大林太良作図、中央公論社刊)より

●世界中にみられる「呪的逃走の説話」

呪的逃走の説話は、南北アメリカからアフリカにいたる広い範囲にみられる。

そして、日本神話の呪的逃走の説話は、中国の江南《こうなん》（揚子江《ようすこう》流域）から日本に伝わったのではないかとされる。中国の古典に妻の一族に追われる呪的逃走の説話がみられるからだ。

呪的逃走には、かならず追跡者をはばむ障害物が三個出てくる。黄泉の国からの逃走の物語では、冠と櫛のほかに、次項にあげる桃の実が出てくる。

イザナギノミコトを救った桃の実

泉津醜女《よもつしこめ》のあとに、イザナミノミコトの体から生まれた八柱《やつはしら》の雷神が、イザナギノミコトを追ってきた。それをみたイザナギノミコトが、黄泉津比良坂《よもつひらさか》

陰陽五行説

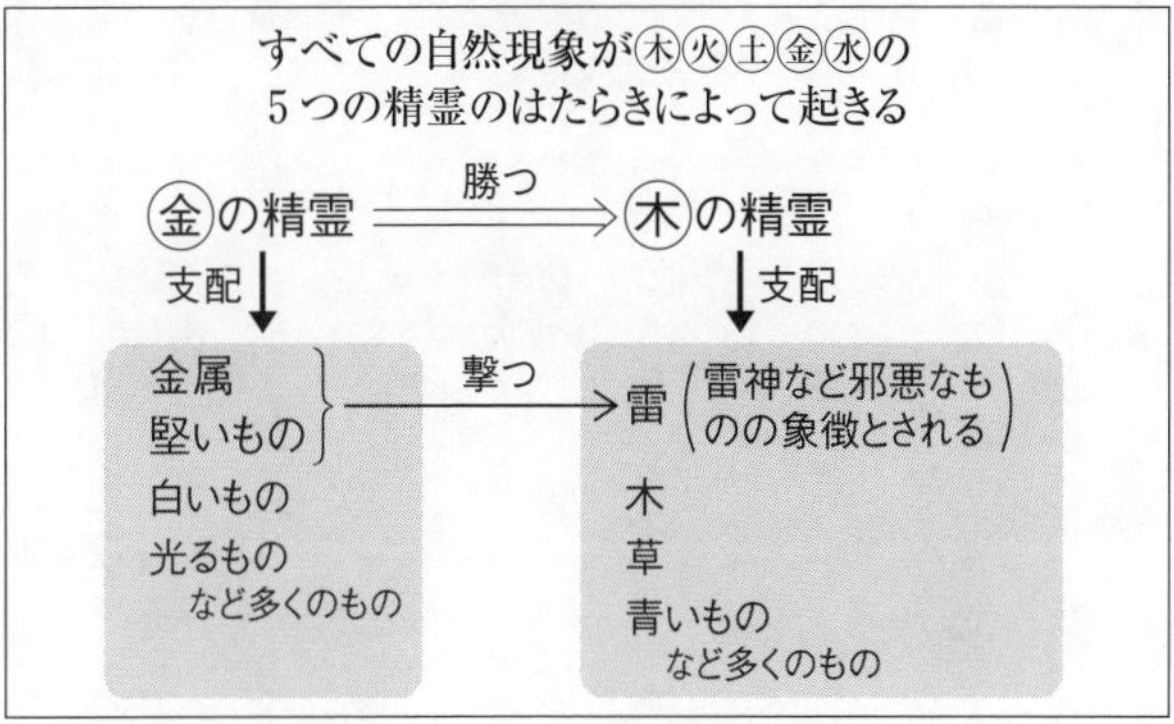

のふもとに生えていた桃の実を投げると、雷神は恐れて逃げ帰った。このあと、黄泉津比良坂でイザナギノミコトとイザナミノミコトとの絶縁の誓いがなされた。

●陰陽五行説の説く「桃の呪力」とは

黄泉の国からの逃走の物語のなかの桃の実は、食べ物ではなく邪悪なものを退ける呪物であるとされている。泉津醜女《よもつしこめ》の追跡は食べ物でごまかせても、悪神である雷神を買収することはできない。

そのため、イザナギノミコトは呪力を用いてかれらを追い払った。中国から伝わった陰陽五行説《いんようごぎょうせつ》では、桃の実のような堅い木の実や堅い豆は、「木火土金水《もっかどごんすい》」の五行《ごぎょう》のなかの、堅さという特性を有する「金《きん》」に属し、邪悪なものに打ち勝つ力をもつとされる（上の図参照）。

葬礼のときの魔よけに金属でつくった刀剣やかみそりが用いられることや、節分の行事で堅い豆をまいて鬼を退けることも、桃が邪悪なものを退けるとする発想と同じ陰陽五行説から出されたものである。

●夫妻神の永遠の決裂

イザナギノミコトが桃の実を用いたために、黄泉の国の住人は、イザナギノミコトに手を出せなくなった。

そこで、イザナミノミコトはみずから黄泉津比良坂に出むいて、うまく言いくるめて夫を黄泉の国に引きこもうとした。

これにたいし、イザナギノミコトは巨大な岩を坂の途中において道をふさぎ、妻に「言《こと》戸《ど》を渡した（夫婦の関係を破棄すると宣言した）」。

このことによって、人びとが住む日本列島と死者のいる黄泉の国との、未来永劫《えいごう》にわたる対立がはじまったという。

このような話は、南方に広く分布する。たとえばニュージーランドのマオリ族には、つぎのようなタネ神とかれの妻のヒネ神との争いの話がある。

ヒネ神が、タネ神を嫌って死者の国に行って夜の女神になった。タネ神は、ヒネ神をつ

死と人類の繁栄

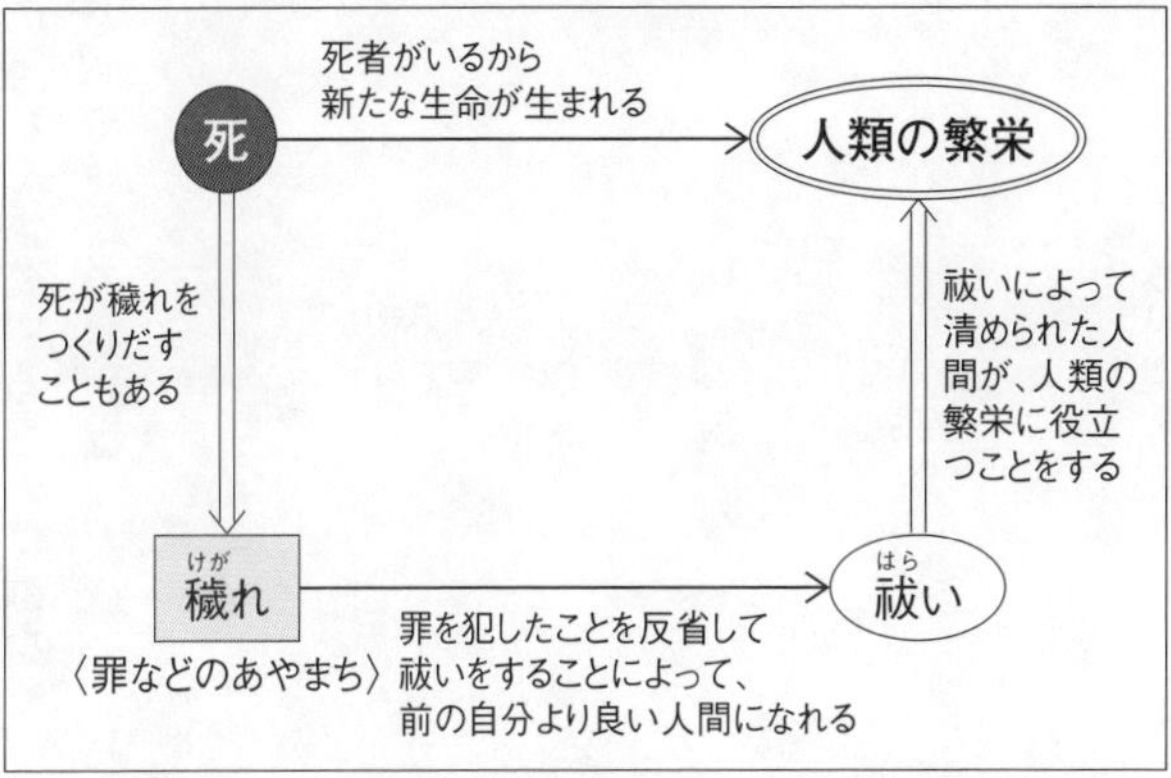
死者がいるから
新たな生命が生まれる
死
人類の繁栄
死が穢れを
つくりだす
こともある
祓いによって
清められた人
間が、人類の
繁栄に役立
つことをする
穢《けが》れ
〈罪などのあやまち〉
罪を犯したことを反省して
祓いをすることによって、
前の自分より良い人間になれる
祓《はら》い

れもどそうとして地下に降《くだ》ったが、ヒネ神は、つぎのように言って夫を受け入れようとはしなかった。

「あなたは日光のなかで子孫をふやしなさい。私は下界にとどまって、あなたの子たちを暗黒の世界に引き下ろします」

●死がもたらす人類の繁栄

「言戸《ことど》渡し」に怒ったイザナミノミコトは、「これから一日に千人あなたの国の人間を殺しましょう」と言った。

これにたいして、イザナギノミコトは「私は一日に千五百屋の産屋《うぶや》を建てよう」と返した。

日本神話では、このときから、毎日、死者の数にまさる新たな生命が誕生するようになったとする（上の図参照）。

このような死の起こりについての日本神話は、死への恐れを強調するものではなく、「死があるから人類の繁栄がある」とする考えを説くものである。この発想は、次章でくわしく説明する穢《けが》れと祓《はら》いとの関係をふまえてつくられたものである。

3章

●イザナギのミソギから生まれた神々――

清らかな神と穢《けが》れた神、姉アマテラスと弟スサノヲの登場

黄泉の国から逃げ帰ったイザナギノミコトは、「私は死者の国で穢《けが》れてしまった」と言い、海水につかって禊祓《みそぎはらい》をすることによって体を清めようとした。このため、ミコトは禊祓をするのにふさわしい土地を探して日本列島をめぐり、筑紫《つくし》の日向《ひむか》で清らかな海岸をみつけた。

そこは、太陽にむかう運命のひらける土地であった。ミコトが、禊祓のために服をぬぐと、何柱かの旅人を守る神（道祖神《どうそじん》）が生まれた。

ついでミコトは、「上の瀬は早く、下の瀬は流れが弱いので、中の瀬で禊祓を行なおう」と言って、水に入った。すると、一柱の穢れの神と二柱の穢れを清める神があらわれた。

これによって清らかになったミコトは、海のなかで六柱の海神をつぎつぎに生んだ。そして最後に、両目と鼻を洗ったが、このときにアマテラスオオミカミ、ツクヨミノミコト、スサノヲノミコトの三貴子《さんきし》が出現した。この三貴子が、イザナギ・イザナミの世代の神が生んだ最後の子神にあたる。

イザナギノミコトは三貴子の誕生を大いに喜び、かれらに世界の支配を委《ゆだ》ねて、別世界に去っていった。

黄泉の国の穢れを負ったイザナギノミコト

イザナギノミコトは地上にもどると、「私は穢らわしい国に行って穢れてしまった」と言い、身を清めるために筑紫《つくし》の日向《ひむか》の橘《たちばな》の小戸《おど》の阿波岐《あわぎ》の原におもむいた。

●穢れと祓い

日本神話は、はるか昔の混沌《こんとん》とした状態から、さまざまな区分がつくられたとする考えにもとづいて構成されている。まず、神々の世界である天と、人びとが住む地との区分が生じた。ついで、イザナギノミコトとイザナミノミコトとの対立によって、清らかに保たねばならない生きている者の世界と、穢れた死者の世界とが分かれたというのである。

それゆえ人間は、祓《はら》いを行なって穢れを落とし、つねに清らかな体でいなければならない。現在の神事《しんじ》で用いられる「祓詞《はらえことば》」(次ページの図参照)は、そのような祓いの起源としてのイザナギノミコトの禊祓《みそぎはらい》のいわれを説くことからはじまるものである。禊祓は、祓いの根本とされる。

●祓いの基本はミソギ

古代人は、海水はすべてのものを清めるはたらきをもつと考えていた。これは、生活のなかで出るごみなどの汚れたものがすべて川をへて海に流れこんで消えていくことをもとにした発想である。そのため、古代人は穢れを落とすため、しばしば海水につかる禊祓を行なった。

のちには禊祓をかんたんにした、水、塩、火などを用いる祓いなどもつくられた（左ページ上のイラスト図参照）。また日本神話は、あらゆるものの前提として天地の区別と、清らかなものと穢れたものとの区別という、日本人の思想の基礎となる考えの起こりを記している（左ページ下の図参照）。そして、そののちに、天つ神と国つ神とのあいだの尊卑《そんぴ》、王家（皇室）が地上を統治する由来についての説明に入っていく。

イザナギノミコトの禊祓のときに、次項であげるような地上を清らかに保つために必要な神々が生まれていることにも注目しておきたい。

祓詞《はらえことば》

掛《かけ》まくも畏《かしこ》き伊邪那岐大神《いざなぎのおおかみ》、筑紫《つくし》の日向《ひむか》の橘小戸《たちばなのおど》の阿波岐原《あわぎはら》に御禊祓《みそぎはら》え給《たま》いし時《とき》に生《なり》ませる祓戸《はらえど》の大神等《おおかみたち》、諸《もろもろ》の禍事罪穢《まがごとつみけがれ》有《あ》らんをば、祓《はら》え給《たま》い清《きよ》め給《たま》えと白《もう》す事《こと》を聞《き》こし食《め》せと恐《かしこ》み恐《かしこ》みも白《もう》す。

要約 伊邪那岐大神が筑紫の日向の橘小戸の阿波岐原で御禊祓いをされたときに生まれた祓戸の神々よ、さまざまな罪穢れを清めてください。

さまざまある祓い

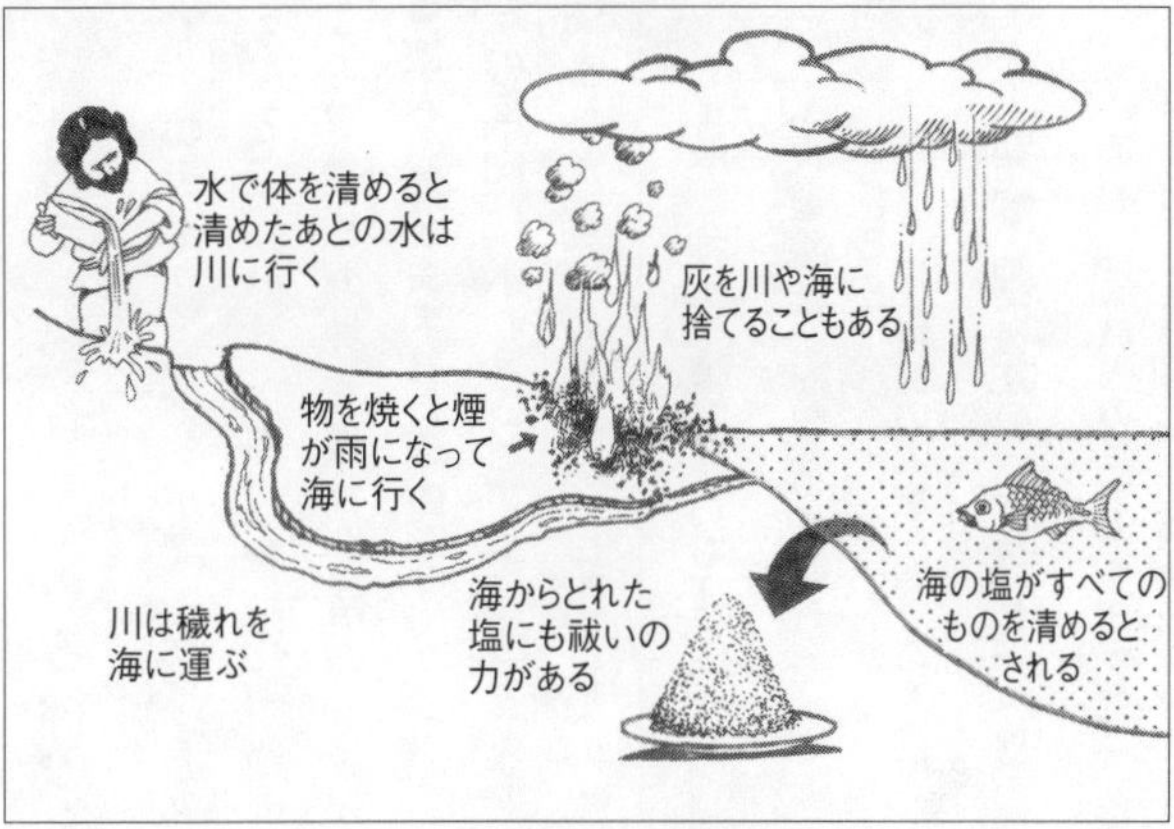
水で体を清めると
清めたあとの水は
川に行く
灰を川や海に
捨てることもある
物を焼くと煙
が雨になって
海に行く
海からとれた
塩にも祓いの
力がある
海の塩がすべての
ものを清めると
される
川は穢れを
海に運ぶ

日本神話の構成

天地が分かれる

⇩

国生みが行なわれる

⇩

生きている者の世界と死者の世界が分かれる

⇩

穢れが忌み嫌われるようになる

⇩

天つ神と国つ神の区別ができる

⇩

国つ神が地上を治める

⇩

天つ神の正統をうける王家（皇室）の祖先が国譲りをうける

⇩

大王（天皇）の下の身分制が確立する

※□は穢れをもたない存在を示す

穢れの神と穢れを清める神の誕生

イザナギノミコトが禊祓《みそぎはらい》をするために身につけたものをぬいでいくと、フナトノカミ[1]など五柱の神があらわれた。ついで、ミコトが水の中にもぐって身を洗いすすいだところ、穢れの神と穢れを清める神があらわれた。

●旅人の神が生まれた理由

左の系図に示したフナトノカミなどは、旅人を守る神々である。古代人の多くは、自分が生まれた集落のなかで自給自足の生活をしていた。そして、自分たちの居住地で得られないものを交易で手に入れる必要があるときにかぎって、苦しい旅行をして遠方に出むいた。

古代人は、集落の守り神のもとでふだんと同じ生活をしていれば予想もつかない穢れを背負わされることはないと考えていた。しかし、旅先ではどんな穢れにあうかわからない。

そこで、旅行中の穢れから守ってくれる道祖神

イザナギが生んだ旅行の神

- 岐　神《ふなとのかみ》（集落の入り口を守る神）
- 長道磐神《ながちはのかみ》（道路をのばしていく神）
- 煩　神《わずらいのかみ》（道路の混雑をおさめる神）
- 開囓神《あきくいのかみ》（道路の分かれ目を守る神）
- 道敷神《ちしきのかみ》（旅人の足もとを守る神）

①フナトノカミ (日)岐神 (古)船戸神
②ヤソマガツヒノカミ (日)八十枉津日神 (古)八十禍津日神
③カムナオヒノカミ (日)神直日神 (古)神直毘神

をまつったのである。

●穢れが清らかな世界をつくる

イザナギノミコトの禊祓のとき、まず②ヤソマガツヒノカミという穢れの神が生まれた。そして、そのあと③カムナオヒノカミ、④オオナオヒノカミという穢れを清める神があらわれ、二柱の神の力をあわせて穢れの神をしずめた。

この話は、あやまちを犯さない人間はいないが、あやまちを反省することによって人間はあやまちを犯す前よりきれいな心をもつようになるという古代人の考えを示すものである。そして、清らかになったイザナギノミコトは、次項にあげる海神を生むことになる。

イザナギの禊祓により生まれた神

①八十枉津日神《やそまがつひのかみ》	穢れの神
②神直日神《かむなおひのかみ》	穢れを清める神
③大直日神《おおなおひのかみ》	

※『日本書紀』第六の一書より。他の伝えもある
※数字は生まれた順番

豪族たちを守る海神の誕生

イザナギノミコトは、祓《はら》いの神を生んだあとで、もう一度水の底にもぐった。そのときに、⑤ソコツワタツミノカミと⑥ソコツツノヲノミコトが生まれた。そこから水のなかほどに浮かび上がったときに、⑦ナカツワタツミノカミと⑧ナカツツノヲノミコトがあらわ

④オオナオヒノカミ ㊐大直日神 (古)大直毘神
⑤ソコツワタツミノカミ ㊐底津少童命《みこと》 (古)底津綿津見神
⑥ソコツツノヲノミコト ㊐底筒男命 (古)底筒之男命

れた。さらに水面近くにきたときに、ウワツワタツミノカミ⑨とウワツツノヲノミコト⑩が出現した。

●ワタツミの神をめぐる謎

図に示したように、ソコツワタツミノカミなどの三柱の神は阿曇《あづみ》氏の祖神《おやがみ》とされ、ソコツツノヲノミコトなどの三柱は津守《つもり》氏の祖神とされている。

「綿津見《わたつみ》三神」とよばれるソコツワタツミノカミなどの三柱の神は、オオワタツミノカミと同一の神である。しかし、日本神話の前の部分（59ページ参照）では、オオワタツミノカミは、イザナギノミコトとイザナミノミコトとのあいだの子どもであると記されている。このことは、ワタツミの神の出現について、たがいに矛盾《むじゅん》する異伝があったことを物語る。

もとは、阿曇氏の祖神と津守氏の祖神とがともにイザナギノミコトの禊祓のときに生まれたとするか

六柱の海神

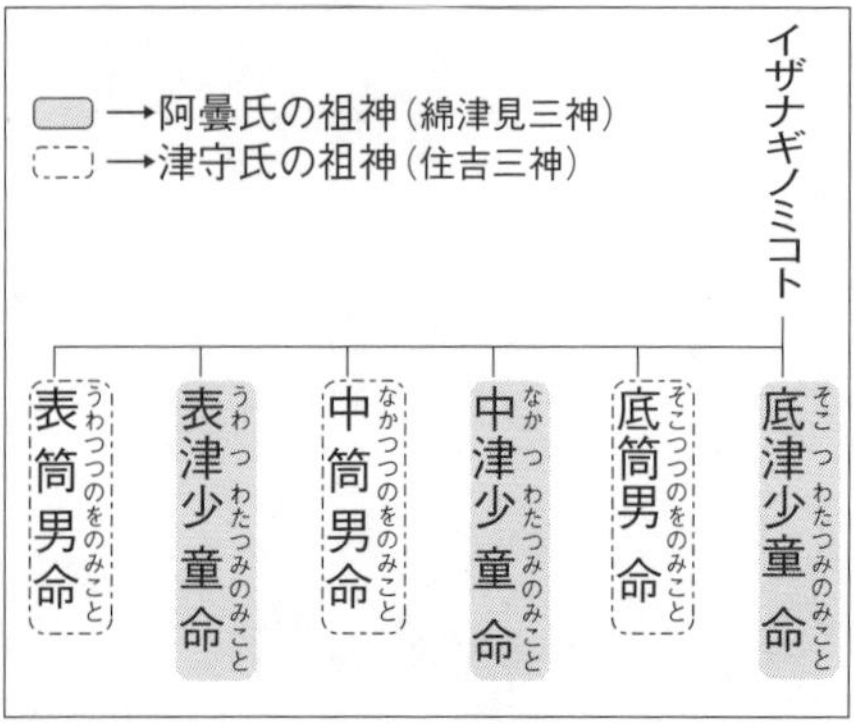

※『日本書紀』による。ただし、本文の神名の表記は『古事記』によった

⑦ナカツワタツミノカミ ㊐中津少童命《みこと》(古)中津綿津見神
⑧ナカツツノヲノミコト ㊐中筒男命 (古)中筒之男命
⑨ウワツワタツミノカミ ㊐表津少童命《みこと》(古)上津綿津見神

住吉神社の分布

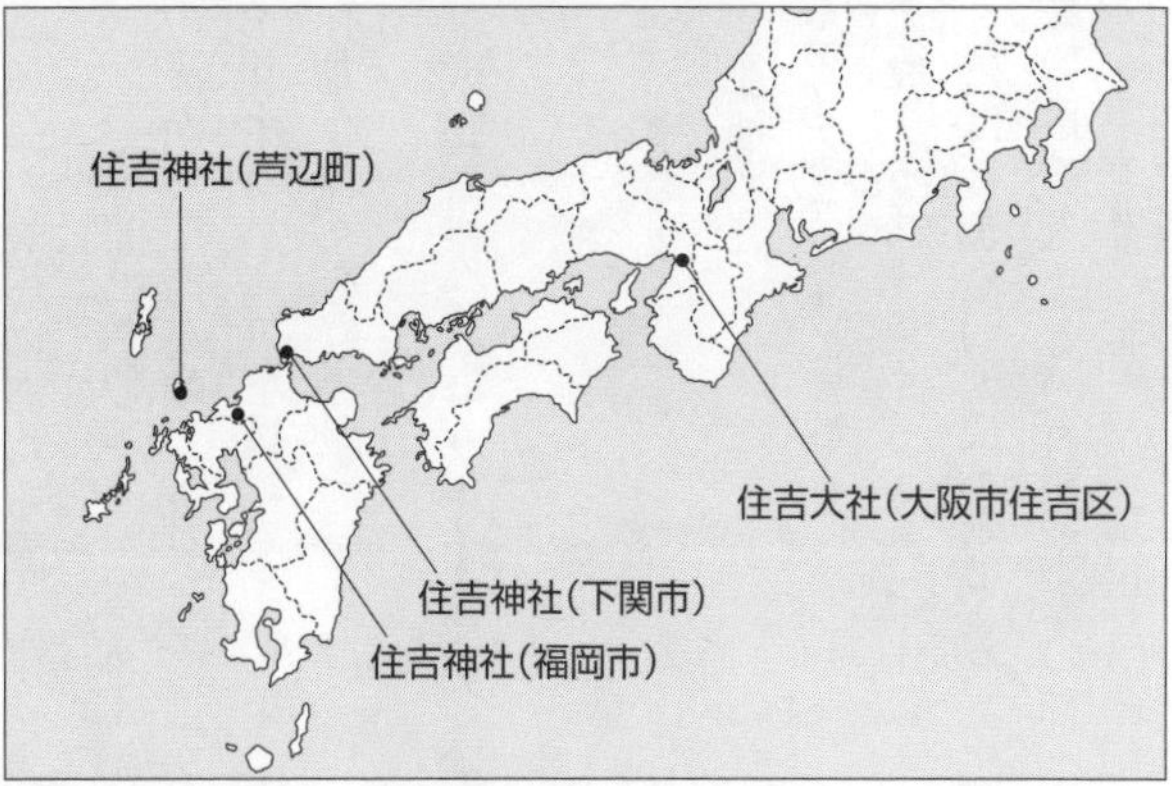

たちがとられたのだろう。しかし、阿曇氏は五世紀末から六世紀はじめにかけて大きく勢力をのばして大和朝廷の水軍を統轄《とうかつ》するようになった。そののちに、阿曇氏がまつる海神（オオワタツミノカミ）が山の神などとともに早い時期にあらわれたとする新しい伝承がつくられたとみられる。

このように、阿曇氏の新旧二件の伝承をくみ入れてしまったために、日本神話のなかに矛盾が生じたのである。

●津守氏と住吉神社

津守氏は、大阪湾沿岸にまつられた全国の住吉《すみよし》神社の元締めである住吉大社の神職の家である。上の地図に示したように、住吉系の有力な神社が、福岡市博多区と山口県下関市にもある。

このことは、津守氏がもとは阿曇氏の本拠であっ

 ⑩ウワツツノヲノミコト ⑪表筒男命 ⑫上筒之男命

た志賀島《しかのしま》の対岸にあたる儺《な》の津（のちの博多）にあったことを物語る。かれらは、もとは阿曇氏と連携して大陸との交易に従事していたが、大和朝廷に従ったのちに、その本拠を儺の津から関門海峡、さらにそこから大阪湾沿岸に移したのである。

イザナギノミコトは、次項に示すように六柱の海神を生んだ直後に、「三貴子《さんきし》」とよばれる有力な神々をもうけている。

太陽神アマテラスオオミカミの誕生

イザナギノミコトは海水にもぐって身を清め、海神を生んだあとに、さらに顔をきれいに清めようと考えて、まず左目を洗った。すると、左目からアマテラスオオミカミが生まれた。

●アマテラス誕生の意味

アマテラスオオミカミの誕生によって、巨大神の時代は終わった。アメノミナカヌシノカミにはじまる別天地の神々も、イザナギノミコトとイザナミノミコトの夫婦も、海、山、森林、川、火などの自然現象の神々も、人びとの想像を超える巨大な姿をもっていた。

しかし、巨大神であるイザナギノミコトの目から、巨大神の目とほぼ同じ大きさのアマテラスオオミカミが生まれ、神々の指導者とされた。こうなると、海の神も、山の神も、森林、川、火などの神も、自分より小さいアマテラスオオミカミの言いつけに従わざるをえなくなった。

このような神話は、強大な自然からみれば小さな存在にすぎない人間が、知恵を用いて自然のありのままの状態に手を加えて文明をつくってきたことを象徴するものである。

●もともとは男性神だった秘密

「アマテラス」の名をもつ太陽の神は、古くは男神とされていた。これは、平安時代に地方で天照御魂神《あまてるみたまのかみ》、天照神《あまてるかみ》などの名をもつ男性の太陽神がまつられていたことからもうかがうことができる。

中世の伊勢神宮には、アマテラスオオミカミが夜な夜な斎宮《さいぐう》（天皇家が伊勢神宮をまつるために送った皇女）のもとに通い、蛇のうろこを落としていくという伝承があった。『日本書紀』がアマテラスオオミカミの別名とする「大日孁貴《おおひるめのむち》」は、本来は「偉大な太陽の妻」をあらわす神名であった。

日本神話の完成期である七世紀末に、アマテラスオオミカミが男性の神から女性の神に変わった（その理由は100ページで説明する）。そして、そのときアマテラスオオミカミの妻であったオオヒルメが格上げされて、アマテラスオオミカミと同一の最高神とされるようになったのである。

ただし、それ以前にあった男性神であるアマテラスオオミカミの物語と無関係な、太陽神と嵐の神との争いの要素(108ページ参照)も、完成形のアマテラス神話にとり入れられている。そのことが、アマテラスオオミカミを男性的であり女性的でもある複雑な神にした。

したがって本書の六世紀から七世紀なかばまでのアマテラスオオミカミについての記述は、男性神としてのアマテラスオオミカミをあらわすことになる。以下、混乱を避けるためにアマテラスオオミカミは男性神として記述をつづける。

次項では、太陽神とともに生まれた月神についてみておこう。

月の神ツクヨミノミコトの誕生

イザナギノミコトは、アマテラスオオミカミを生んだのちに、右の目を洗った。すると、ツクヨミノミコトが生まれた。

●暦をつかさどる月の神

月の神ツクヨミノミコトの名前のなかに出てくる「読《よむ》」の語は、暦《こよみ》によって日を数えることをさす。古代人は、月の満ち欠けをみて暦をつくった。

このような暦づくりは、現在の旧暦にまでうけつがれている。それゆえ、旧暦の月々の一日がほぼ新月の日に相当する。九月（新暦）の「お月見」の行事は、旧暦八月一五日に暦をつかさどる月に供え物をした農村のまつりをもとにつくられたものである。

●月の神をまつる人びと

平安時代につくられた「延喜式《えんぎしき》」に、山城国《やましろ》葛野郡《かどの》と対馬国《つしま》上県郡《かみあがた》に月読《つくよみ》神社があったと記されている。そこはいずれも「卜部《うらべ》」とよばれた卜占《ぼくせん》に従事する豪族の居住地であった。

松尾大社と月読神社

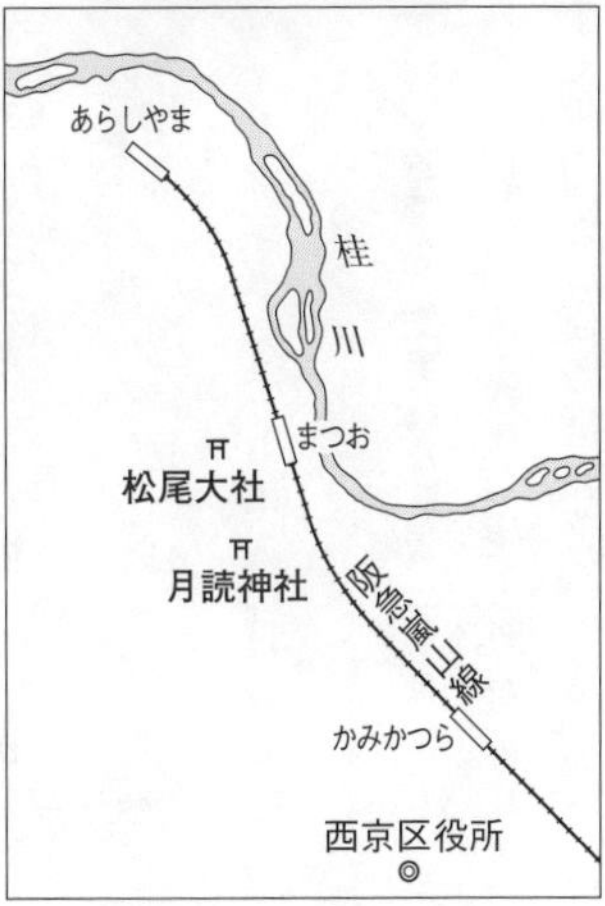

葛野郡の月読神社は、現在の京都市の松尾《まつお》大社の南にある。その神社には、ツクヨミノミコトが地上の神聖な桂《かつら》の樹に降り立ったとする伝承がある。このことによって、古代に月読神社のあたりが「桂《かつら》の里《さと》」とよばれたという。この桂の地名は、いまでも京都市西京区の桂として伝わっている。

次項では、三貴子の最後に生まれたスサノヲノミコトについてみていこう。

嵐の神スサノヲノミコトの誕生

イザナギノミコトは天の世界を治める太陽と月の神を生んだのちに、鼻を洗った。すると、スサノヲノミコトがあらわれた。

●〝荒ぶる神〟が生まれた背景

人間が息をする鼻から生まれたスサノヲノミコトは、嵐の神とされる。「太陽神が昼の世界を、月の神が夜の世界を治める」という話ならわかりやすい。だが日本神話では、太陽と月の「二貴子」が世界を統治するのではなく、「三貴子」が天地を治めるかたちがとられた。

古代人が、「太陽と月と台風（嵐）」の力があわさって、自然のさまざまなはたらきが生みだされる」という自然観をもっていたわけではない。自然の猛威《もうい》にさらされて生活していた縄文人は、暴風雨を大いに恐れていた。そのため、かれらはもっとも強い力をもつ神として嵐の神をまつった。

●神話に取り込まれる出雲の神

日本神話が整えられた七世紀にも、各地で縄文時代以来の嵐の神のまつりが行なわれていた。そこで、王家はそのような神をすべて自家の祖先神の下におこうとして、嵐の神が太陽神に屈服する天岩戸《あまのいわと》の物語（次章で詳述）をつくった。この嵐の神の名前に、出雲の飯石《いいし》郡の須佐郷《すさごう》でまつられていた神名がつけられた。これは、「須佐」の地名の音が暴れるありさまをさす「荒《すさ》ぶ」の音と共通するものだったからである。

そして、次項で述べるように、スサノヲノミコトは父神イザナギノミコトから太陽神や月神より格の低い役目を与えられることになる。

三貴子に課せられた役割

イザナギノミコトは三柱のすぐれた子どもを得たことを大いに喜んだ。そして、アマテラスオオミカミに高天原を治めよと言い、ツクヨミノミコトに夜《よる》の食国《おすくに》を支配せよと命じた。ついで父神は、スサノヲノミコトに海原を統治せよと言った。

●南方からきた分治の思想

北アジアの神話には、世界を天上、地上、地下の三界に分ける世界観にもとづいてつくられたものが多い。これは、天上を神の住むところ、地下を死者の世界とするものである。

それゆえ、日本の三貴子の分治の神話は北方からきたものではなく、あと（117ページ）で

三貴子の住む世界

出典／神名	『古事記』	『日本書紀』本文	第一の一書	第二の一書	第六の一書	第十一の一書
アマテラスオオミカミ	高天原	天上	天地		高天原	高天原
ツクヨミノミコト	夜の食国《おすくに》	*日に配《なら》ぶ	天地		海原	*日に配ぶ
スサノヲノミコト	海　原	追われて根の国へ行く	根の国	根の国	天の下（人間が住む世界）	海原

＊太陽と一緒に空の世界を治めるという意味

述べる南方の日食《にっしょく》神話にともなうかたちで南方からもたらされたものと考えられている。

●海原を嫌うスサノヲノミコト

三貴子が治めた場所にかんして、上の図に示すようなさまざまな異伝がある。このことは、分治の話が新しい時期に日本神話にとり入れられたことを示している。太陽神と月神が天の世界もしくは天地を治めることは明らかである（月が潮の干満をつかさどることから月が海原を治めるとする異伝はあるが）。しかし、その二柱の神の勢力圏に匹敵する魅力をもつところはない。

そのため、天の世界より劣《おと》る海原を治めよと言われたスサノヲノミコトは、父神の命令に反発した。このことが、次章に記すアマテラスオオミカミとスサノヲノミコトの争いを引き起こすことになった。

4章

●対立する姉弟神と高天原の神々――

アマテラスの岩戸隠れは何を象徴しているのか

スサノヲノミコトは、父神の命令に背《そむ》き、海原を治めようともせずに、気ままに過ごしていた。かれは、ひげがみぞおちの前にまでのびる立派な大人になっても、しばしば泣いて父神を困らせた。イザナギノミコトが、かれが泣く理由をたずねると、スサノヲノミコトは「自分は母神のいる地下の根《ね》の国へ行きたい」と答えた。

そこで、父神はかれを根の国に追い払うことにした。そのときスサノヲノミコトは、根の国に行く前に姉のアマテラスオオミカミに別れを告げようとして高天原《たかまがはら》にむかったが、この行為が、アマテラスオオミカミの怒りをかってしまった。「自分の許しをうけずに高天原に来るとは何事だ」というのだ。そこで、スサノヲノミコトは姉神とともに子どもを生む誓約《うけい》という神事を行なって、身の潔白《けっぱく》を証明した。

このあとスサノヲノミコトは、姉神のすすめで高天原にとどまるが、そこで農耕を妨《さまた》げる乱暴をはたらいた。そのため、弟のふるまいに怒ったアマテラスオオミカミが、天《あまの》岩戸《いわと》に隠れた。そして、太陽神がいなくなると世界はたちまち闇《やみ》になった。そのため神々は、岩戸の前で大がかりに神楽《かぐら》を舞い、太陽神の怒りをしずめて岩戸の外によびだした。これによって、ようやく世界はもとのように明るくなった。これ以来、天の世界はつねに明るく罪穢《けが》れのない状態に保たれてきたという。

姉弟神をめぐる大和朝廷の動き

スサノヲノミコトは、姉神アマテラスオオミカミに、父神の言いつけに背いて根の国に行かねばならなくなったわけを申し上げようとして高天原を訪れた。

●「天つ神」と「国つ神」の起こり

スサノヲノミコトの高天原訪問は、天《あま》つ神《かみ》と国《くに》つ神《かみ》との区別の起こりを物語るために構想されたものである。朝廷が、天上にある高天原にいる天つ神を、地上を治める国つ神の上位におく方針をとっていたからである。

王家は、大和朝廷の発祥時《はっしょうじ》（三世紀はじめ）には三輪山《みわやま》にいるオオモノヌシノカミをまつっていた。しかし、六世紀はじめに地方豪族がまつる土地の神と同格の国つ神であるオオモノヌシノカミに代わって、天つ神の指導者とされるアマテラスオオミカミを自家の祖神《おやがみ》とした。このときから国つ神を、よりすぐれた天つ神に屈服した神とする話が多くつくられた。

さらに六世紀末に、宮廷に、天を陽、地を陰とする「陰陽五行説《いんようごぎょうせつ》」が広がると、明るい性質をもつ太陽神とそれに従う天つ神が陽の性質をもつ神、太陽に照らされる地上の国つ神が陰の性質をもつ神とされるようになった。

●アマテラスを権威づけるタカミムスヒノミコト

日本神話を整備していくときに、王家は造化《ぞうか》三神のなかのタカミムスヒノミコトの権威をかりて、アマテラスオオミカミを国つ神より上位にもってくる試みも行なっている。この発想にもとづいて、あと（174ページ以降）で述べる国譲りの物語がつくられることになる。つまり、タカミムスヒノミコトとアマテラスオオミカミとの二柱の神が、オオクニヌシノミコトに地上の支配権を王家に譲《ゆず》らせることにするのだ。

つぎに述べるように、アマテラスオオミカミはスサノヲノミコトの高天原訪問の場面で、スサノヲノミコトと一対一で対決することになる。

アマテラスオオミカミの〝変遷〟

スサノヲノミコトがやってくると天の世界に嵐が起こった。そこで、アマテラスオオミカミは弟神が高天原を奪いにきたと思い男装して武器を身につけ、かれを待ちうけた。

●もともとは戦闘の神だった

『古事記』ではアマテラスオオミカミが、頭のうえで結う女性の髪の形を、男性が用いる

古代の男女の髪形

みずらの髪形に変えて、弟神を迎えたという。このように、七世紀末にまとめられた日本神話の完成形では、オオミカミが男装したとするが、前（89ページ）に記したように、六世紀の朝廷では太陽神は、大王《おおきみ》を助けて地方豪族の守り神である国つ神と戦う強い男性神であるとされていた。

大和朝廷は、六世紀前半に急速に地方豪族にたいする支配を強化しており、それに不満をもつ豪族の反乱（五二七年の築紫国造《くにのみやつこ》による「磐井《いわい》の乱」など）が起きている。北九州全体が戦場になった長期におよぶ磐井の乱のときに、大王（継体《けいたい》天皇）が自家の祖神に戦勝を祈る場面がしばしばみられたのだろう。

●三輪山でまつられるアマテラス

大和朝廷が三輪山のオオモノヌシノカミのまつりをはじめたころ、大和の土地の守り神としてのオオモノヌシノカミにかかわるまつりのなかのひとつとして、三輪山の山頂

三輪山周辺の神社

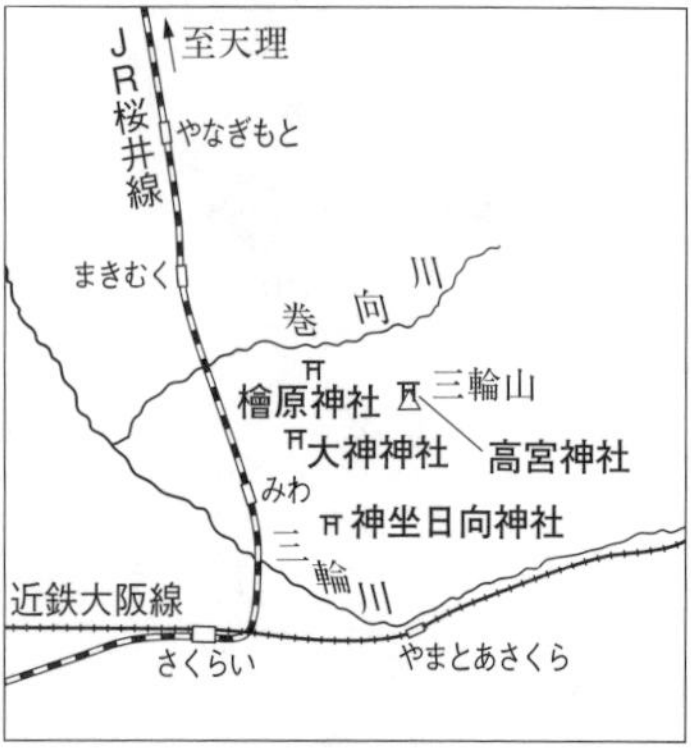

で太陽のまつりも行なわれた。現在、このまつりが行なわれたところには高宮《こうのみや》神社がある。

そして、大和朝廷が太陽神を祖神とした六世紀はじめに、まつりの場は三輪山の祭場の中心部に近い大神《おおみわ》神社の拝殿の南の御子森《みこのもり》に移された。そこには現在、神坐日向《みわにますひむかい》神社がある。

さらに、六世紀なかばに太陽神が三輪山から分離され、王族の女性が斎宮《さいぐう》となって三輪の北方の笠縫邑《かさぬいむら》でアマテラスオオミカミ（男性神）をまつるようになった。この段階で、もとはオオモノヌシノカミの配下の神とされた太陽神が、オオモノヌシノカミよりはるかに格上のものとされた。

古代に笠縫邑とよばれた地には、アマテラスオオミカミをまつる檜原《ひばら》神社がある。

●女神へと変わった経緯

笠縫邑でまつられていたときのアマテラスオオミカミは、武神としての性格を強くもっていた。しかし、七世紀末の壬申《じんしん》の乱に勝利して王位（皇位）についた天武天皇は、安定した政権をつくり国内の争いごとをなくしていく方針をとった。

この考えから、アマテラスオオミカミが女神とされるようになった。このことは、天武天皇の政治が有能な皇后、鸕野皇女《うののひめみこ》(のちの持統《じとう》天皇)の助けをうけて運営されるかたちをとっていたことと深くかかわる。

次項では、アマテラスオオミカミとスサノヲノミコトの戦いがどのようなものであったかを記そう。

スサノヲノミコトの誓約

アマテラスオオミカミが大いに怒って待ちうけているのをみたスサノヲノミコトは、「私は姉神の領地を奪うつもりはありません。その証拠に、子どもを生む形の誓約《うけい》を行ないましょう」と言った。

●「誓約《うけい》」とはなにか

誓約とは、二分の一の確率で起こることを試み、その結果によって神意を判断する占いである。たとえば、赤い球と白い球を一個ずつ、計二個の球を入れた袋の中から一個の球を引くことにして、赤が出れば吉、白が出れば凶とするようなものである。

このときスサノヲノミコトは、自分の生んだ子どもが女性（穢れのない処女）ならば、自分がきれいな心をもっていることになると宣言して、子どもを生んだ。

●ペルシアからきた誓約《うけい》の神話

アマテラスオオミカミとスサノヲノミコトは、高天原にある神聖な川、天《あめ》の安《やす》の河《かわ》の両岸に立って誓約を行なった。このような神が川をはさむ位置に立って子どもを生むとするつくりに似た要素が、ペルシアの神話にもみられることが注目されている。

ペルシアのガヨーマルト神話には、ダイーティという河の右岸に最初の人間ガヨーマルトがおり、左岸に最初の牛がいたと記されている。そして、ガヨーマルトと牛のもつ火の種子の力が地上にふりそそいで多くの人間を生みだしたとする。

オセット人にも、ひとりの羊飼いの男性が河のむこうにいる半神半人の美女サタナをみたところ、ソスランという半神半人の勇者が生まれたという話もある。「神々のいた時代には、男女がふれあわなくても子どもができた」とする話がペルシアを中心に広まっていたのだろう。

あと（202ページ）でくわしく説明するように、このようなペルシア神話は六世紀に、朝鮮半島を経由して日本にもちこまれたものである。

天岩戸の話にもペルシア的要素がみられる（112ページ）。次項に記すように、アマテラスオオミカミは、誓約のときに不思議な方法で子どもを生んだとされる。

スサノヲの剣から生まれた海神

アマテラスオオミカミは、スサノヲノミコトがもつ長い剣をもらい、それを三つに打ち折って三柱の女神を生んだ。

●呪具が子を生む秘密

日本神話は、誓約《うけい》で生まれた子神は、アマテラスオオミカミとスサノヲノミコトとのあいだに生まれた子どもとする。ここに出てくる女神は、母神がみずからのもつ呪力を父神の呪具に与えることによってできた子神である。

スサノヲノミコトの剣から生まれた子神は、北九州の航海民がまつる海神で、宗像《むなかた》三神とよばれている。

●朝廷を助ける宗像《むなかた》氏の動き

宗像三神は、儺《な》の津（福岡市）の北方の宗像と、宗像の沖合《おきあい》にある大島と、朝鮮半島の航路上の沖ノ島とでまつられている。このなかの沖ノ島につくられた巨石のそばの祭場から、大和朝廷がささげたと思われる多くの祭器が出土した。

　宗像の航海民は、志賀島《しかのしま》の航海民（阿曇《あづみ》氏）や儺の津の航海民（津守《つもり》氏）とは別の集団で、四世紀から六世紀にかけて朝廷の朝鮮経営に欠かせないはたらきをした。しかし、宗像の航海民の首長である宗像氏は九州にとどまり、阿曇氏や津守氏のようなかたちで中央に進出しなかった。

　このことによって、宗像三神が綿津見《わたつみ》三神や住吉《すみよし》三神（86ページ参照）とは異なるあつかいをうけたのであろう。つまり、イザナギノミコトの禊祓《みそぎはらい》の場面にすべての海神が出現したとされずに、宗像三神だけが誓約の部分に登場させられたのだ。次項では、誓約でスサノヲノミコトが生んだ神についてみておこう。

アマテラスの勾玉から生まれた神々

　スサノヲノミコトは、アマテラスオオミカミが身につけた勾玉《まがたま》をもらい、アメノオシホミミノミコト、①アメノホヒノミコトなどの五柱の神を生んだ。

●皇室の祖神《おやがみ》と出雲氏の祖神の誕生

スサノヲノミコトの呪力とアマテラスオオミカミの呪具が、五柱の男性の神を生んだ。

①アメノホヒノミコト (日)天穂日命 (古)天之菩卑之命

この神々は、父神の強さと母神のやさしさをうけつぐ優れた神々であった。

このとき生まれたアメノオシホミミノミコトが、皇室の先祖になった。そして、かれの弟のアメノホヒノミコトは、のちに出てくる国譲りの神話に登場する。かれは、出雲大社の神職を代々つとめる出雲氏の祖先であるとされる。

出雲大社にまつられたオオクニヌシノミコトと、王家が五世紀以前にまつってきた三輪山のオオモノヌシノカミは、同一の神とされている。オオクニヌシ信仰は、二世紀なかばの出雲で起こった。それが大和に伝わり、三世紀はじめに三輪山のまつりが整えられたのであるが、前に述べたように、王家は六世紀にアマテラスオオミカミを自家の守り神とした。

誓約《うけい》で生まれた神

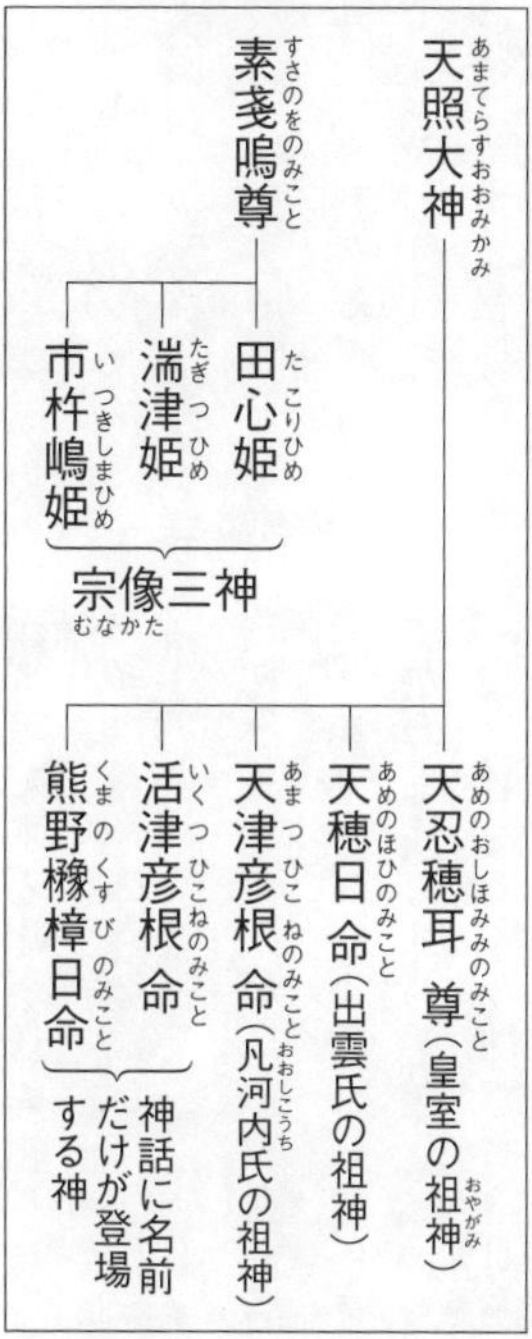

それ以来、アマテラスオオミカミなどの天つ神をまつる大和的信仰と、オオクニヌシノミコトなどの国つ神を尊ぶ出雲的信仰との対立がはじまった。日本神話

の誓約の話は、出雲的信仰の指導者である出雲氏の祖神を皇室の先祖の弟とすることにより、大和的なものが出雲的なものより優位にあることを示すものである。

●河内国とアマツヒコネノミコトの関係

アメノホヒノミコトの弟とされる三柱の神が日本神話で活躍する場面はみられない。また、その三柱の神のなかのアメノホヒノミコトのすぐ下のアマツヒコネノミコト②は、凡河《おおしこう》内《ち》氏の祖先とされているが、ほかの二柱の神の子孫だと名のる豪族もない。

凡河内氏は、王家の本拠地に近い河内の守り神である河内国魂《かわちのくにたま》神社をまつる家である。王家がそこの神は国つ神のなかの有力なものであると評価したことによって、凡河内氏の祖神が出雲氏の祖神の弟とされたのだろう。

七世紀後半に摂津《せっつ》、八世紀はじめに和泉《いずみ》が河内から分かれているが、それ以前の河内国はのちの河内、摂津、和泉の三国をあわせた広大な領域をもっていた。

そのころの王家は、大和と河内を本拠地としていた。仁徳《にんとく》天皇陵古墳などの河内の巨大古墳は、そのことを物語るものである。

この点からみて、河内の国魂の神が大和の国魂である三輪山のオオモノヌシノカミに次ぐ地位を与えられていた時期があったと推測できる。

②アマツヒコネノミコト ㊐天津彦根命 (古)天津日子根命

スサノヲノミコトの剣から宗像三神が生まれていることからみて、アマテラスオオミカミの勾玉からは三柱より多くの神が生まれたにちがいない。こういった考えから、アメノオシホミミノミコトの兄弟神の数が、このうえの奇数五にちなむ五柱とされ、その数を整えるためにイクツヒコネノミコト③とクマノクスビノミコト④ができたのであろう。

次項では、誓約《うけい》のあとのスサノヲノミコトの行動をみていこう。

スサノヲノミコトの乱暴

スサノヲノミコトが身につけた剣から女神が生まれたことによって、かれがきれいな心をもっていることが明らかになった。このあと、スサノヲノミコトは高天原で暮らすようになるが、さまざまな乱暴をはたらき、最後には馬を機織《はたお》り場に投げこんでアマテラスオオミカミに仕える天《あめ》の機織り女《め》を殺した。

●高天原に住みついたスサノヲノミコト

誓約の話には多くの異伝があるうえ、それらの説明はきわめて不明瞭である。スサノヲノミコトの呪具が生んだ子を男性とする話もあり、かれは汚い心をもっていたともいえる。

このあいまいさは、古いかたちの日本神話が誓約の話をもたず、スサノヲノミコトが強引

③イクツヒコネノミコト 日活津彦根命 古活津日子根命
④クマノクスビノミコト 日熊野櫲樟日命 古熊野久須毗命

に高天原におしかけて住みつくかたちをとっていたことを示す。

天岩戸神話のもっとも古いかたちのものは、嵐の神スサノヲノミコトが、予告もなしに高天原にやってきて、農耕を妨げる乱暴をはたらく物語であったらしい。これによって太陽神が天岩戸の中に隠れたが、神々のまつりによって嵐は去り、ふたたび太陽があらわれたというのである。

●天岩戸神話と縄文人の想い

日本神話の天岩戸の物語は、皇室の尊厳性を説く話として構想されたものである。それは、「天皇の怒りをかえば、人間の生活に欠かせない太陽の恵みが失われてしまう」と主張するものである。

このような天岩戸の話は、古い時代からうけつがれた素朴《そぼく》な伝承から発展したものである。縄文時代にはすでに、「明るい気持ちをもって神をまつっていれば、輝く太陽のもとで豊かな生活を送れるようになる」と、台風を恐れる人びとを励ますつぎのような物語があったにちがいない。

「台風で太陽が隠され、『この嵐が永遠につづくのではないか』と脅《おび》えている人びとに、昔のすぐれた首長が『神をまつって繁栄を願おう』と説いた。そこで、みんなが心をあわせてまつりを行ない大いに笑って楽しんだところ、風雨がおさまって太陽が姿をみせた」

こうした話があちこちで自然に生まれ、そのなかのいくつかは神事《しんじ》に用いる演劇（御神楽《おかぐら》の原形）に発展していったのだろう。

大和朝廷が太陽信仰を重んじるようになった六世紀に、それまで民間でうけつがれてきた縄文時代の流れをひく神事に用いる演劇をもとに、天岩戸《あまのいわと》の話がつくられた。そして、そのときに次項で述べるアマテラスオオミカミ（男性神）とスサノヲノミコトの兄弟争いの要素が加えられたのである。

天岩戸にこもるアマテラスオオミカミ

アマテラスオオミカミはスサノヲノミコトの乱暴に怒って、天岩戸に隠れた。この太陽神が姿を隠したために、このとき、高天原も地上も闇になった。

●スサノヲノミコトは悪神か

六世紀につくられたもとのかたちの天岩戸神話は、『古事記』などに記されたものよりはるかに単純なつくりをとっていたと思われる。天岩戸神話全体の流れと前（101ページ）にあげた誓約《うけい》の話は矛盾する。

イザナギの禊祓で生まれた神の構成

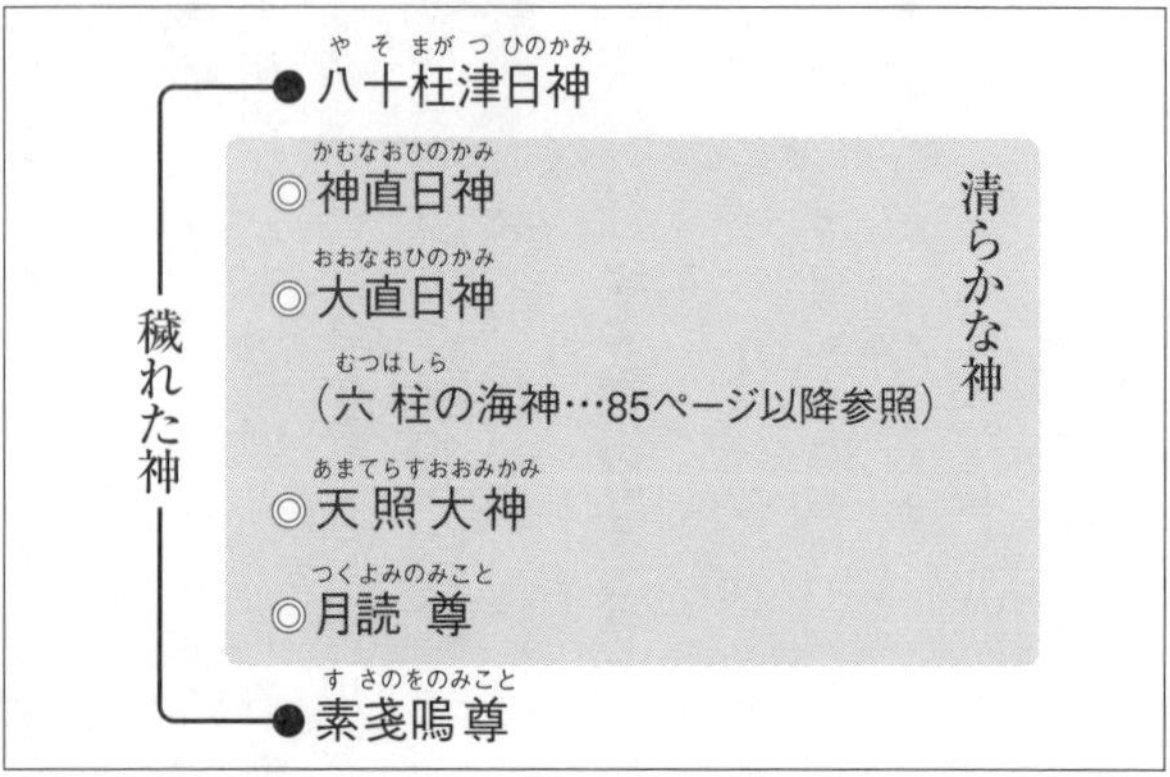

誓約の話は、スサノヲノミコトが清らかな心をもって高天原にきたとする。しかし、そうであるなら、なぜ清らかな心をもつミコトが誓約のあとで、つぎつぎに重い罪を犯したとされるかが説明できなくなる。

それゆえ、スサノヲノミコトがはじめから汚い心をもって高天原におしかけたとする、誓約の話を欠いたつくりが、神話のもとのかたちに近いのではないかと考えられる。

前（85ページ）にイザナギノミコトの禊祓《みそぎはらい》のはじめに、一柱の穢れの神と二柱の穢れを清める神が生まれたとする話を記した。イザナギノミコトの禊祓の話の終わりに生まれた三貴子も、もとはそれと同じ二柱の清らかな神と一柱の穢れた神との組み合わせではなかったろうか。

そうなると、太陽神アマテラスオオミカミ（男性神）と月の神ツクヨミノミコトが善神であり、スサノヲノミコトが悪神となる。

●アマテラスは殺されたか

スサノヲノミコトを悪神とみれば、ミコトがアマテラスオオミカミ（男性神）の支配権を侵すために高天原にのぼったとみるのが自然である。

スサノヲノミコトは、海原を治めよという父神の命令に逆らって泣きつづけた。このとき、かれは母神を偲《しの》ぶという名目でアマテラスオオミカミ（男性神）に争いをしかける機会をうかがっていたのである。

六世紀の天岩戸の物語では、スサノヲノミコトが馬の呪力を用いていったんアマテラスオオミカミ（男性神）を殺すかたちをとっていたらしい。のちに、オオミカミの死が機織《はたお》り女《め》の死と置き換えられた。

アマテラスオオミカミ（男性神）は、いったんは死んだ。そして、母の代わりとなる天岩戸の中で育てられ、新生児として復活した。これが天岩戸神話のもっとも古いかたちのものであったらしい。そして、次項に述べるように、それはペルシアなどの神話と共通する性格をもつものであった。

岩戸の前で行なわれる神事

神々は、天岩戸に隠れたアマテラスオオミカミをよびもどそうとして、岩戸の前でまつりを行なった。供え物がならべられ、祝詞《のりと》がよまれたのちに、アメノウズメノミコト⑤の踊りがはじまった。

●スサノヲが用いた「天班駒《あめのふちこま》」とは

スサノヲノミコトが用いた天班駒《あめのふちこま》は、神事に用いる白馬と異なる、まだらのある見なれない姿をした馬であった。朝鮮半島から輸入された良馬、あるいは宮廷の人びとが大陸からの噂に聞いたペルシアの名馬が班駒《ふちこま》であったかもしれない。

ペルシアやインド、それにヨーロッパのゲルマン民族、ケルト民族などに呪力をもつ馬が女神に害をおよぼす神話が多くみられる。そういったものが、ペルシア、中国、朝鮮を経由して天岩戸神話にとり入れられたのであろう。

●祝詞《のりと》の起こり

外国からもたらされた馬を用いた呪術を破るために、日本古来のまつりを行なう必要がある。こういった発想によって、岩戸の前の神事の記事が書かれた。

⑤アメノウズメノミコト ㊐天鈿女命 ㊍天宇受売命

神事に欠かせない祝詞《のりと》の起源は、このまつりでアメノコヤネノミコト⑥がよんだ祝詞に求められている。祝詞は、神職《しんしょく》が神に代わって人びとに教えを述べる「宣《の》る」形式のものと、神に語りかける「白《もう》す」形式のものに分かれるが、岩戸の前では、中にいるアマテラスオオミカミに白《もう》す形式の祝詞がよまれた。そして、次項に記すように、人びとがいっせいに笑ったときに太陽神が姿をあらわした。

祝詞の2つの形式

- 祝詞の末尾が「～宣《の》る」宣下体《せんげ》
  →神職が神に代わり教えを説く形式
- 祝詞の末尾が「～白《もう》す（申す）」奏上体《そうじよう》
  →神に語りかける形式

アメノウズメノミコトの活躍

アメノウズメノミコトの楽しい踊りをみて、神々は大いに笑った。すると、アマテラスオオミカミが「何か楽しいことが起きたのか」と不思議に思い、岩戸の扉をあけた。

●神道《しんとう》が教える「笑い」とは

世界は、太陽が姿を消す大きな不幸にみまわれたが、その不幸は、神々の笑いによって消え去り、世の中はふたたび明るくなった。

この話は、明るい気持ちで過ごすことをすすめる神道《しんとう》の思想にもとづいて記された。日

⑥アメノコヤネノミコト ㊐・㊍天児屋命

本神話はこのようなかたちで「どんな苦境にあっても、笑えば運がひらけていく」と人びとに語りかけている。

●アメノウズメの舞《まい》の意味

アメノウズメノミコトは、朝廷のまつりで舞う巫女《みこ》を出す猨女《さるめ》の祖神《おやがみ》である。猨女の舞《まい》のなかでもっともよく知られたものが、鎮魂祭《ちんこんさい》で行なわれる勇壮な舞である。

鎮魂祭は太陽の輝きがもっとも弱まる冬至《とうじ》のころに行なわれる。冬至は、前年に地上を照らした太陽がいったん死に、つぎの年の若い太陽となってよみがえってくる日だとされる。

それに応じるかたちで、鎮魂祭でも呪力の衰えた天皇に新たな呪力を与える神事がなされていた。このような鎮魂祭の主役となる猨女氏の祖神は、太陽神をこの世によびもどした神にふさわしい神であったろう。

「岩戸神楽」などとよばれる、天岩戸の前で行なわれたまつりの主役は、アメノウズメノミコトであった。

しかし、次項に記すように、高天原の神々が力をあわせて「岩戸神楽」を行なったとされる点にも注目しておきたい。

ついに連れだされた太陽神

アマテラスオオミカミが岩戸をすこしあけたとき、アメノタジカラヲノカミ⑦が太陽神の手をとり岩戸の外にひっぱりだした。そのあとフトタマノミコト⑧が、二度と岩戸に入れないように岩戸の入り口に注連縄《しめなわ》を張った。

●おのおのの職務を果たす神々

アメノウズメノミコトだけのはたらきが、アマテラスオオミカミを天岩戸の外につれだしたのではない。力の弱い女神であるウズメに代わって、力自慢のアメノタジカラヲノカミが力ずくでアマテラスオオミカミを外につれだした。そのあと、フトタマノミコトが呪力を用いて天岩戸の入り口をふさいだ。

このような神話は、天つ神の子孫である豪族たちが力をあわせて天皇に仕え、人びとの生活を豊かにしていかねばならないと説くものである。

天つ神たちは、集まってアマテラスオオミカミを天岩戸から出てこさせるための相談を行なった。そして、知恵の神オモノカネノカミ⑨の計画に従って「岩戸神楽」の準備にあたった（次ページの表参照）。

⑦アメノタジカラヲノカミ ㊐天手力雄神 ㊍天手力男神
⑧フトタマノミコト ㊐太玉命 ㊍布刀玉命
⑨オモノカネノカミ ㊐思兼神 ㊍思金神

岩戸神楽での神々の役割

思兼神《おものかねのかみ》	まつりの手順を考える 常世の長鳴き鳥を鳴かせる
石凝姥命《いしごりどめのみこと》	鏡をつくる
玉屋命《たまのやのみこと》	勾玉をつくる
天児屋命《あめのこやねのみこと》	祝詞を唱える
太玉命《ふとたまのみこと》	ささげ物を持つ
天鈿女命《あめのうずめのみこと》	神楽《かぐら》を舞う
天手力雄神《あめのたじからをのかみ》	岩戸のわきに隠れて天照大神を引き出す

祭りの準備にあたったアメノコヤネノミコトなどの四柱の神とアメノウズメノミコトは、のちにニニギノミコトに従って地上に降《くだ》り、「五伴緒《いつとものを》」とよばれたとされる（186ページで詳述）。

「五伴緒」は宮廷のまつりを担当する豪族の祖先たちであるが、この神々の中心となるアメノコヤネノミコトの子孫とされる中臣《なかとみ》氏は、七世紀なかばの大化の改新ののち急成長している。

●世界にある「隠された太陽」の物語

七世紀なかば以降、中臣氏によって、太陽神がいったん殺されたのちに再生するかたちの神話が、現在知られているようなかたちに変えられたのではあるまいか。

そこでは、太陽神は死なずに天岩戸にこもり、中臣氏の祖神がひらくまつりによって岩戸の外に招きだされたとされる。

天岩戸神話に似た、洞窟《どうくつ》や箱《はこ》に隠れた太陽神をおびきだす物語は、世界中に広くみられる。その話の分布は、インドからアメリカのカリフォルニアにおよんでいる。

この物語の太平洋をはさむ広まりは、南方の航海民が「隠された太陽」の神話を広めたことを示すものであろう。

●江南から伝えられた日食神話

さらに、太陽神や月の神と悪神とを兄弟もしくは姉妹とする要素をともなう「隠された太陽」の神話もみられる。それらは、タイ、ラオス、カンボジアに分布する。

ラオスの日食《にっしょく》神話は、アチト、チャン、ラウの三人の兄弟を主人公とするものである。アチトとチャンは父神から光を出す能力を得て、ふたりつれだって逃げた。そこで、光をもたない弟のラウは兄たちのあとを追った。

このラウがふたりの兄をつかまえると日食が起こり、兄たちがラウの手を振り払って逃げると日食が終わるというのである。

このような東南アジアの日食神話が、南方と九州とを往来した江南《こうなん》(中国の揚子江《ようすこう》下流域)の航海民によって日本に広められたのであろう。そして、それがさまざまなかたちで縄文時代以来うけつがれた、まつりによって嵐の神を退ける話と結びつけられて、天岩戸神話が発展していった。

この神話は、最後には人びとの笑いと楽しい踊りが世界を明るくしたと主張する。そして、次章で述べるように、太陽神を怒らせたスサノヲノミコトには罪のつぐないが科されることになった。

5章

●裁かれるスサノヲ、出雲の地に降り立つ――

スサノヲ追放と八岐大蛇《やまたのをろち》退治が意味するもの

アマテラスオオミカミが天岩戸《あまのいわと》から出てきたあと、神々の手でスサノヲノミコトの裁判が行なわれた。このとき、スサノヲノミコトは祓《はら》いを命じられ、髪やひげ、つめを切って身を清め、多くのささげ物を差しだすことになった。

スサノヲノミコトはこの祓いによってきれいな体になったが、かれは罪のつぐないをするために高天原《たかまがはら》から追放された。このとき、かれはあれこれ考えたのちに、人びとの役に立つことをするために地上にむかうことにした。

このあと、スサノヲノミコトは高天原から出雲国に降《くだ》った。そして、斐伊川《ひいがわ》の川上で、ヤマタノヲロチという怪物の生贄《いけにえ》にされそうになっていたクシナダヒメ①と出会った。

スサノヲノミコトはヒメを助けようと、ヤマタノヲロチと対決した。そして、酒に酔ったヲロチを剣で斬《き》りきざみ、出雲の地に平和をもたらした。

これによってスサノヲノミコトはクシナダヒメを妻に迎えて出雲の支配者になった。かれは妻のために立派な御殿をつくり、出雲国を治めた。しかし、かれは、のちに出雲の支配権を自分の子孫たちに譲《ゆず》って、根《ね》の国に去っていった。スサノヲノミコトのはたらきによって、混沌《こんとん》としていた日本列島の社会がようやく秩序をもつ方向に動きはじめたのだ。

①クシナダヒメ㊐奇稲田姫㊍櫛名田比売

スサノヲノミコトが犯した罪

高天原の神々は、世界を暗くして大きな混乱を起こしたスサノヲノミコトにつぐないをさせることにした。このときかれらは、スサノヲノミコトが重大な穢れを犯したことがアマテラスオオミカミを怒らせたと考えた。

●罪や穢れを清める大祓《おおはらえ》

スサノヲノミコトの裁判の話は、古代の朝廷で行なわれた大祓《おおはらえ》の神事と深いかかわりをもっている。この大祓は、六月と一二月の晦日《みそか》にそれまでの半年間に国じゅうで生じた罪や穢れを清めるものだとされる。

大祓によって天津罪《あまつつみ》、国津罪《くにつつみ》をはじめとするあらゆる罪や穢れが許されるという。スサノヲノミコトが高天原で犯したさまざまな罪は、すべて天津罪だとされる。

●天津罪と国津罪

古代には天津罪がもっとも重い罪とされた。この天津罪は、田のあぜを壊したり、田に水をひく溝を埋めたり、樋《ひ》を壊したり、他人の農地を奪ったりするといった罪からなる。それは、古代人の生活に欠かせない稲作を妨《さまた》げるものであった。

そして、それにつぐのが国津罪である。この国津罪は、害虫や鳥による農作物の大がかりな被害、原因のわからない家畜の大量死、古代人の想像を超える要因で生じた不吉なことなどをあらわしている。古代人は、だれかが犯した穢れが人びとに予想不可能な災厄をもたらすと考えていた。

古代人がふつうに生活していれば天津罪を犯すことはないが、日本神話はうっかり天津罪にかかわっても、祓いをすればスサノヲノミコトのように許されると説いている。岩戸隠れのときのスサノヲノミコトの行動をみれば、古代の祓いの役割がより明確になる。次項でそのことについてくわしく記そう。

岩戸隠れとスサノヲの行動

アマテラスオオミカミが天岩戸にこもって世界が闇におおわれたときに、強い力をもつスサノヲノミコトは何もできなかった。地上を明るくしたのはアメノウズメノミコトという、それまでは弱い立場におかれていた地位の低い女神であった。

●天つ神たちがスサノヲを助けた理由

スサノヲノミコトは、高天原を揺るがすほどの威力をもつ巨大な嵐の神であった。しかし、日本神話にはミコトが力ずくで天岩戸を割ってオオミカミをつれだそうとする場面は記されていない。また、天岩戸の物語は、姉が出した課題をやりとげたスサノヲノミコトが、オオミカミの怒りを解くかたちのものでもない。

オオミカミが岩戸に隠れたあと、スサノヲノミコトは何もできなかった。そして、かれに代わって高天原の天つ神たちが、知恵を出しあって事態を解決した。

日本神話のこのようなつくりは、集落や一族の団結が重んじられた古代人の生活から生みだされた「何かあやまちを犯したときはひとりで悩まずに、みんなで解決しよう」という教えを語るものである。

●アマテラスとスサノヲの関係が象徴するもの

弥生時代末（三世紀はじめ）ごろまでの小国では、神意をきく巫女《みこ》と、彼女と同族出身で巫女を補佐する男性とのふたりが国を指導するかたちがとられていた。『魏志倭人伝《ぎしわじんでん》』にみられる邪馬台国《やまたいこく》の女王卑弥呼《ひみこ》と彼女の「男弟《だんてい》」との共同統治がこれにあたる。外部の者からみれば、卑弥呼の意向をうけて国政にあたる男弟は一国の王のようにみえたであろう。

しかし、このような小国の巫女の補佐役は、巫女が亡くなるか、人びとの巫女にたいする信頼が失われると、たちまち権力を失う。巫女の弟が王として、自分に都合のいい者を巫女にすることはできない。かれではなく、小国の有力者の会議が新たな巫女を決め、その巫女の一族から補佐役の男性が選ばれる。

天岩戸神話におけるスサノヲノミコトの立場は、三世紀ごろの有力な巫女の弟のそれに近い。つまり、スサノヲノミコトの追放の話は、大和朝廷の大王《おおきみ》の支配が確立する直前の巫女が重んじられた時代の記憶をもとに記されている。

次項では、アマテラスオオミカミの弟として得た地位を失ってしまったスサノヲノミコトがうけた罰についてみていこう。

スサノヲノミコトの祓い

神々は、スサノヲノミコトに「千座置戸《ちくらおきど》」とよばれる多くの品物を差しださせ、ひげと手足のつめを切って身を清めさせた。そのあと、かれらはスサノヲノミコトを高天原から追放した。

●ささげ物に込められた意味

「千座置戸」とは、多くの台に盛ったささげ物をさす言葉である。これは賠償の品物ではない。神道《しんとう》は、物や金銭に自分の穢れをつけて神前に差しだせば、穢れが清められるとする考えをとる。神に差しだされたものは、まつりなどに用いられる。

それとともに、ひげやつめを切り、体を洗うことによって、体についた穢れが落ちる。スサノヲノミコトは、このような祓いによって罪を清めて清らかな神になったのである。

●なぜ高天原を去ったか

神道の考えにもとづいてつくられた古代の社会では、祓いによって罪を清められた者は、前のように自分が属する集団の人びとと交わることが許された。しかし、スサノヲノミコトは高天原にとどまって前のようにアマテラスオオミカミの弟として偉そうにふるまおうとはしなかった。

かれは、高天原を去って新たな生活の場を得ようと考えた。古代人は、このようないさぎよさを好んだ。地上に降《くだ》ったスサノヲノミコトは怪物ヤマタノヲロチを退治して人びとに慕《した》われる神になるが、日本神話では、次項にあげるスサノヲノミコトが地上に行く直前に穀物神を殺した話が記されている。

穀物神オオケツヒメあらわる

高天原を追われたスサノヲノミコトは、さまよう道中でオオケツヒメ②に食べ物を求め

 ②オオケツヒメ㊐なし㊍大気都比売

オオケツヒメが生んだもの

体の部分	生んだもの
頭 →	蚕《かいこ》
目 →	稲種
耳 →	粟《あわ》
鼻 →	小豆
下腹 →	麦
尻 →	大豆

穀物起源神話の異伝

出典	記	紀一書の十一	紀一書の二
殺された神	大気都比売	保食神	稚産霊
殺害者	スサノヲ	月夜見神	
女神の体から生じたもの	蚕・稲・粟・小豆・麦・大豆	牛馬・粟・蚕・稗・稲・大豆・小豆	蚕・桑・五穀
穀物などをとった者	神産霊日神	（天熊人）天照	

伊藤清司作成『シンポジウム出雲神話』（学生社刊）の表に加筆

た。すると、彼女は体のあちこちから食べ物を出してもてなした。これをみたスサノヲノミコトは、きたならしいものを食べさせたと怒ってヒメを斬《き》り殺した。

●食神を生む女神

すると、斬られたオオケツヒメの体のあちこちから、穀物などがあらわれたという（右上の図参照）。この話には三通りの異伝があり、スサノヲノミコトではなくツクヨミノミコトが食物の女神を殺す話もある（右下の図参照）。

巨大な穀物神の体から人間の生活に必要なさまざまなものがあらわれたとする話は、南太平洋を中心に広く分布する。それはハイヌヴェレ型穀物神話とよばれる。

●稲作とともに広まった「穀物起源神話」

インドネシアのセラム島に、「神の少女」の話がある。はるか昔にココヤシの木から生まれた神の少女がまつりの夜に殺され、その死体を切りきざまれてあちこちに分けて埋められたという物語である。この少女の体の断片から、いろいろなイモ類ができたという。

こういった話が稲作地帯に伝わり、米と雑穀が女神の体から生じたという神話に変わった。そのような穀物起源神話のなかの中国南部のものは、米のつぎに粟《あわ》を重んじるかたちをとる。

そこで、粟が米のすぐあとにおかれるオオケツヒメ殺しの神話は、揚子江《ようすこう》下流域（江南《こうなん》）から稲作とともに広がったものではないかとされる。次項からスサノヲノミコトの地上での活躍をみていこう。

ヲロチ退治に向かうスサノヲノミコト

スサノヲノミコトは、若い娘をなかにして泣いているアシナツチ[③]、テナツチ[④]の老夫婦と出会う。そして、かれらの話を聞いてヤマタノヲロチを倒してヲロチの生贄《いけにえ》にされかけていたクシナダヒメを救おうとした。

③アシナツチ㊐脚摩乳㊍足名椎
④テナツチ㊐手摩乳㊍手名椎

ペルセウス・アンドロメダ型神話の分布

『神話から歴史へ』(井上光貞著、大林太良作図、中央公論社刊)に加筆

●勇者の怪物退治物語のルーツ

ヤマタノヲロチ退治のような、勇者が怪物を倒して美しい娘を助ける物語は、ヨーロッパから東アジアにいたる広い範囲に分布する。それらは、ギリシャ神話の勇者ペルセウスが海の怪物を倒して海岸の岩に縛られていたアンドロメダを助ける話にちなんで、「ペルセウス・アンドロメダ型神話」と名づけられている。

このかたちの神話は、ペルシアあたりでつくられて、やがて遊牧民の手で各地に伝えられたものであろう。右の図に示したように、日本の周辺にもヤマタノヲロチ退治に似た神話が多くみられる。

●斐伊川をさかのぼるスサノヲ

スサノヲノミコトは、斐伊川《ひいがわ》のほとりの鳥髪《とりかみ》の峰《みね》に降りてきた。そして、川上から箸《はし》が流れてくるのをみて、上流に人間が住んでいると知って川をさかのぼっていったという。

鳥髪の峰は、古代出雲のスサノヲノミコトの信仰圏のなかにある、神霊が天降《あまくだ》る地とされていた山である。古代人は、神は山深い地におり、川をくだって人里を訪れるとする考えをもっていた。

ところが、スサノヲノミコトは川をのぼっていった。これは、次項で述べるように、ヤマタノヲロチがもとは山に住む神とされていたことにもとづくものである。スサノヲノミコトは、神聖な地にむかっていったのである。

老夫婦の神を助けるスサノヲノミコト

スサノヲノミコトの来訪をうけた老人は、「私はオオヤマツミノカミの子でアシナッチといい、妻をテナツチといいます」と名のった。

●スサノヲ、国つ神となる

スサノヲノミコトが助けた老夫婦の神は、山を支配するオオヤマツミノカミの子神とされている。また『日本書紀』の本文では、かれが、「吾《やつかれ》はこれ国つ神なり。号《な》はアシナツチ」と名のったとする。

日本神話は、スサノヲノミコトはヤマタノヲロチから国つ神を救うことによってかれらの指導者となり、みずからも国つ神の一員になったとする。このような話の背景には、高天原にいる神を天つ神とし、地上にいる神を国つ神とする世界観がある。

そして、「天に住もうが、地上に住もうが神に変わりはない」といった見方を排除するために、スサノヲノミコトの祓《はら》いの話がつくられた。それによって、天つ神は穢れをまったく知らない神であり、国つ神はいったん穢れたのちに祓いによって許された、スサノヲノミコトの子孫やかれの支配下の神だという内容の上下関係がつくられたのである。

●アシナツチ・テナツチの神名が意味するもの

先に述べたアシナツチ、テナツチという神名のなかの「足」や「手」の語は、土地を支配することをあらわすものである。東部インドネシアに、土地を人体に似た姿をもったものとしてとらえる習俗がある。

たとえばアロール島では、村落をつくるときに、その頭の部分とその尻尾の部分を決めておく習慣がある。かつて、人びとが生活する空間を巨大な土地の神としてとらえる習俗が南方に広まっていたのであろう。

そして、そのような発想をうけつぐかたちで、山をひらいてつくられた集落の守り神で、集落の足の部分にまつられるアシナツチの神と、手の部分でまつられるテナツチの神が考えだされたのであろう。さらに、次項で示すように、ヤマタノヲロチも土地の神としての性格を強くもっていることにも注意したい。

酔いつぶれたヤマタノヲロチ

スサノヲノミコトは、屋敷を垣根《かきね》で囲ませてそこに八か所の門をつくらせた。そして、それぞれの門の中によい酒を入れた桶《おけ》をおかせた。娘を食べに来たヤマタノヲロチは、酒の匂《にお》いにつられて門の中の酒をすべて飲みほし、酔って寝てしまった。

●スサノヲがヲロチに酒を勧めた真の意味

ヤマタノヲロチは、もとは山から来る田の神、水の神であったと思われる。『日本書紀』第二の一書は、スサノヲノミコトがヤマタノヲロチにつぎのように語りかけたと記す。

「あなたは可畏《かしこ》い神である。大いにおもてなししたい」

スサノヲノミコトがこう言って差しだした八かめの酒を飲んで、ヲロチは酔いつぶれたという。しかし、この話は、もとはすぐれた祭司が酒をそなえてまつることによって乱暴な神をしずめるかたちをとったものではあるまいか。

古代人は山や原野をひらいて水田をつくったときに、自分たちが神の領域を侵したのではないかと恐れた。それゆえ、かれらは暴風雨や洪水を「神の怒り」ととらえた。そして、神の怒りをしずめるために土地の神のまつりを行なった。

●ヲロチ退治の物語の源流

自分たちの子孫が土地の神のまつりを怠《おこた》らないように願って、すぐれた指導者が神をもてなして災害をしずめたとする神話がつくられた。そして、それがペルセウス・アンドロメダ型神話とあわさって、ヤマタノヲロチ退治の物語がつくられたのであろう。

田の神サンバイをまつる習俗が、山陰地方に広くみられる。このサンバイは、蛇の姿をしているとされている。サンバイのまつりは、ヤマタノヲロチ退治の神話のもとになった信仰の流れをひくものであろう。

ヲロチ退治には、酒と剣とが必要だとされた。次項では、スサノヲノミコトが用いた剣の呪力について考えておこう。

ヤマタノヲロチを斬った剣の秘密

スサノヲノミコトは、酔いつぶれたヤマタノヲロチの体を長い剣を用いてずたずたに斬りきざんだ。このため、斐伊川《ひいがわ》はヲロチの血で染まった。それによって、いまでも斐

古代出雲の鉄生産地と製鉄遺跡

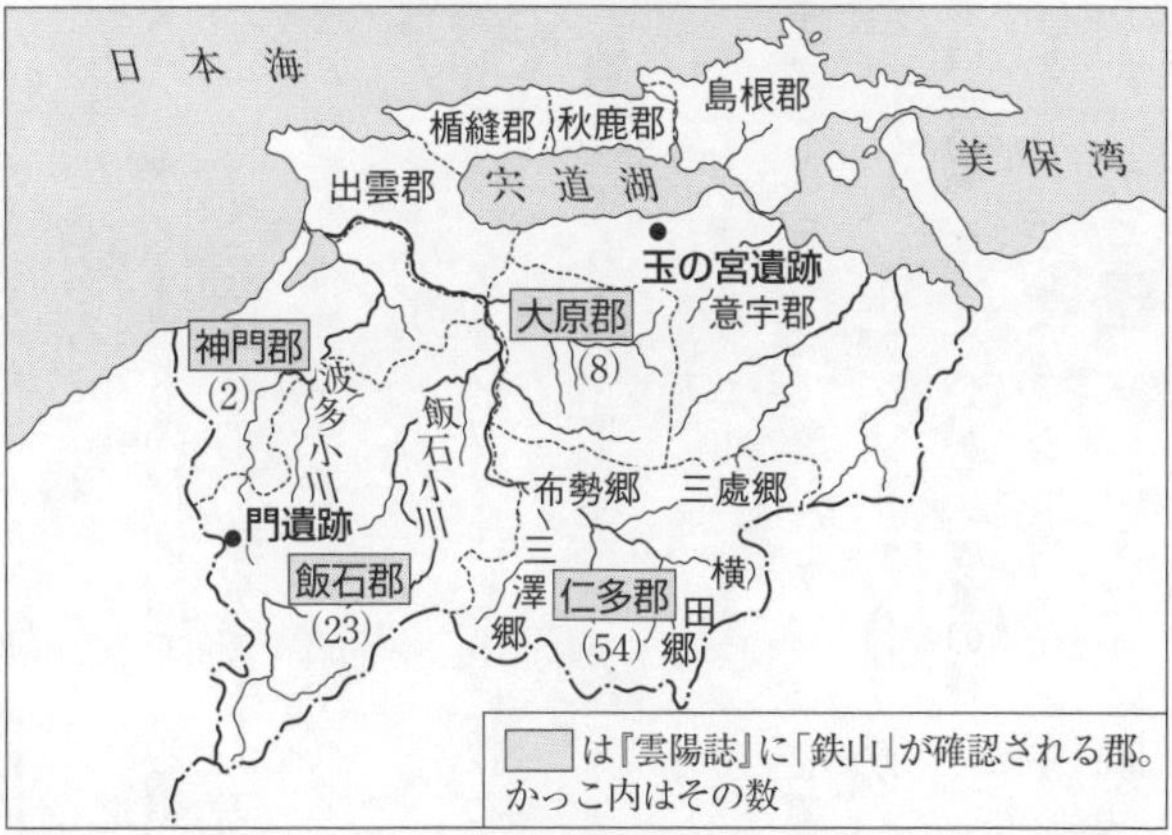

「製鉄神としてのスサノヲ信仰」（武廣亮平著、『別冊歴史読本』21巻5号より）に加筆

伊川を赤い水が流れることになった。

●荒神谷遺跡から出土した銅剣

出雲では、古くから剣の神にたいする信仰がさかんだった。島根県斐川《ひかわ》町荒神谷《こうじんだに》遺跡から、二世紀なかばの銅剣が三五八体まとまって出土している。この荒神谷遺跡は、オオクニヌシ信仰がつくられたころの出雲の各地の首長が銅剣を一本ずつもちよって行なったまつりの跡ではないかといわれる。

出雲大社の御神体《ごしんたい》も剣である。こういった点からみて、出雲でまつられていた段階のスサノヲノミコトが剣神であった可能性が高い。

●製鉄で栄えた古代出雲

古代出雲には、多くの鉄生産地があった（上の地図参照）。銅剣をまつっていた出雲の首長は、大陸から製鉄技術を得た五世紀以降、みずからの手で祭器としての鉄剣をつくるようになったのであろう。

スサノヲノミコトの信仰圏である須佐《すさ》からも製鉄遺跡がみつかっている。製鉄によって有力になった首長の守り神がスサノヲノミコトであった。そのことによってスサノヲノミコトが剣で悪神ヲロチを倒す話や、スサノヲノミコトの剣から三柱の女神が誕生する話（103ページ）がつくられた。

次項では、スサノヲノミコトに救われた女神クシナダヒメの性格についてみていこう。

豊作をもたらすクシナダヒメとの出会い

スサノヲノミコトは、ヤマタノヲロチを倒したあと壮大な宮殿をつくり、そこにクシナダヒメを迎えて妻とした。そして、アシナツチを召して、かれをその宮殿づきの執事《しつじ》に任命し、イナダノミヤヌシスガノヤツミミノカミの名を与えた。

●戦士の神を迎え入れる生産者の神

左の表に示したアシナツチ、テナツチの別名からみて、「イナダノミヤヌシ」の名は、アシナツチとテナツチのふたりに同時に与えられたものであるとみられる。この命名によ

アシナツチとテナツチの別名

出典		神名 アシナツチ	神名 テナツチ
『古事記』		足名椎 足名鉄神	手名椎
『日本書紀』	本文、第三の一書	脚摩乳	手摩乳
	第二の一書	脚摩手摩	稲田宮主《いなだのみやぬしの》簀《す》狭《さ》八《や》箇《つ》耳《みみ》*

⇩ ……スサノヲノミコトが夫婦に新しい名前を与える

『古事記』		稲田宮主《いなだのみやぬし》須《す》賀《が》之《の》八耳《やつみみ》神《のかみ》
『日本書紀』	本文	稲田宮主《いなだのみやぬし》神《のかみ》
	第一の一書	宮主《みやぬし》簀《す》狭《さ》之《の》八《や》箇《つ》耳《みみ》

*この神名には混乱があるらしい

って土地の神が稲田の神に変わったのである。

クシナダヒメの名も「すばらしい稲田」をあらわすものである。こういった点からみて、ヤマタノヲロチ退治の神話をつぎのように意味づけできる。生産者である国つ神のアシナツチらが、異なる世界からきた戦士の神スサノヲノミコトの力をかりて、自然の猛威を象徴するヲロチを倒したとするものである。

●民衆を守る指導者となる

ヲロチ退治の神話は、国をつくるには戦士の力と生産者の労働が必要であると説くものである。

しかし、ヲロチのような敵がいなくなれば、剣は祭器になり、戦士は司祭者として民衆を指導するように変わっていく。

「八雲立つ」の和歌

●スサノヲノミコトが須賀宮《すがのみや》をつくられたときに詠《よ》まれた和歌

八雲《やくも》立つ　出雲八重垣《いずもやえがき》　妻籠《つまご》みに　八重垣つくる　その八重垣を

訳　美しい雲に守られた出雲の国の屋敷よ
妻のためにつくった屋敷よ　すばらしい屋敷よ

解釈　愛する妻のために手間をかけて立派な屋敷をつくる行為が
すばらしいと語りきかせる和歌

「八雲《やくも》立つ」の和歌は、スサノヲノミコトが夫として妻のクシナダヒメをいつくしむとともに、国という大きな家を経営して民衆の生活を安定させたことを祝福するものである。

しかし、次項で述べるように、スサノヲノミコトのようなすぐれた指導者であっても、いつかは現役を退くときがくる。

根の国へと去るスサノヲノミコト

スサノヲノミコトは、子孫を多くのこした。やがて、そのなかからオオクニヌシノミコトという有力な指導者があらわれた。

●神々の世代交代

『古事記』は、スサノヲノミコトとオオクニヌシノミコトとのあいだの系譜《けいふ》と、オオクニヌシの物語のなかのオオクニヌシが根《ね》の国にいるスサノヲノミコトを訪ねる話だけを記すかたちをとる。スサノヲノミコトは後進に出雲の支配権を譲って根の国に去ったのであろうが、そのことをはっきりしたかたちで記した文献はない。

『日本書紀』の第五の一書だけに、スサノヲノミコトが紀伊国の熊野から根の国に行ったとする記事がみえるだけである。

●海のはての「根の国」とは

あと（160ページ）で記すように、地上と根の国とは黄泉津比良坂でつながっていたとされている。この点からみれば、根の国はイザナミノミコトがいる黄泉の国と同じものとみられる。しかし、スサノヲノミコトが住む根の国は、黄泉の国のような恐ろしい世界ではない。

根の国の「根」は、生命の根源をあらわす語である。つまり、「根の国」は「生命《いのち》の国」にあるが、古代日本にはそれに似た語意をもつ「常世《とこよ》（生命が永久に絶えない）の国」とよばれる世界もある。さらに、沖縄の人びとが、海のはてにある神々が住む美しい土地をあ

古代人の世界観

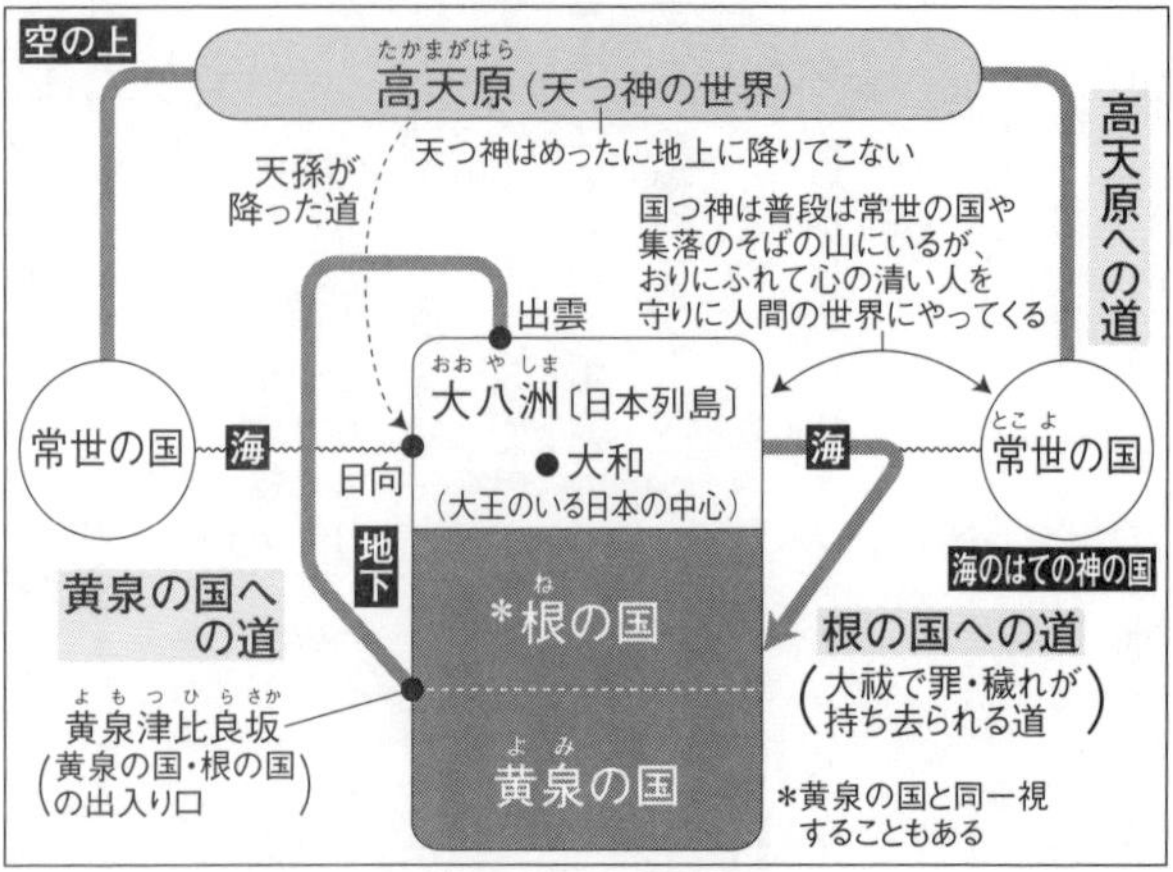

らわす言葉として用いた「ニライカナイ」の語は、「根の国」と同じ概念をあらわすとされている。沖縄で「ネ」が「ニ」に変わっていったといわれている。

つまり、常世の国ともよばれる根の国は、高天原とは別の神々の住む地であった。スサノヲノミコトは、海のはての根の国から時おり訪れて、人びとを助ける神としてまつられたのである。

死者を穢れたものとして嫌悪すれば、死後の世界は恐ろしい黄泉の国になるが、死者をあつくまつれば、死者は常世の国の神になる。

次章から、スサノヲノミコトが根の国に去ったあとの地上を治めたオオクニヌシノミコトについてみていこう。

6章

幾度となく死に直面するオオクニヌシの受難の秘密

●スサノヲの子孫、オオクニヌシの死と再生の物語――

オオクニヌシノミコトには八十神《やそがみ》とよばれる多くの兄弟の神がいたが、八十神たちは地上の支配権をオオクニヌシノミコトに譲った。それは、つぎのようないきさつによるものである。

八十神はオオクニヌシノミコトに自分たちの荷物をもたせて、因幡国《いなばのくに》のヤカミヒメ①を妻にめとりにみなで出かけたが、かれらは途中でイナバノシロウサギに意地悪をした。このあと、重い袋を背負わされたために遅れてやってきたオオクニヌシノミコトが、イナバノシロウサギを助けた。このウサギの力添《ぞ》えによって、オオクニヌシノミコトはヤカミヒメの愛を得た。

オオクニヌシがヤカミヒメを妻にしたことに怒った八十神は、オオクニヌシにさまざまな迫害を加えた。そこで、オオクニヌシは母神のすすめで兄たちの攻撃をさけるために根の国のスサノヲノミコトを訪ねた。

スサノヲノミコトはオオクニヌシにいくつもの試練を課したが、オオクニヌシはスサノヲノミコトの娘のスセリヒメ②の助けでそれを克服した。このあと、オオクニヌシはスセリヒメを妻に迎えて根の国の神宝をもって地上に帰った。そして、神宝の力で八十神を従えて出雲の支配者になった。

①ヤカミヒメ㊐なし㊍八上比売
②スセリヒメ㊐なし㊍須世理毘売

オオクニヌシノミコトの別名

『日本書紀』	『古事記』
大物主神《おおものぬしのかみ》……すぐれた物のあるじの神*	大穴牟遅神《おおあなむちのかみ》……たいそう貴い神
国作大己貴命《くにつくりのおおあなむちのみこと》	葦原色許男神《あしはらしこおのかみ》…日本の強い男性の神
葦原醜男《あしはらしこお》	八千戈神《やちほこのかみ》……有力な武器の神
八千戈神	宇都志国玉神《うつしくにたまのかみ》…この世を守る国魂の神*
大国玉神《おおくにたまのかみ》……すぐれた国魂の神	
顕国玉神《うつしくにたまのかみ》	

*「国魂」「物」は、神と同じ概念をあらわす

多くの別名をもつオオクニヌシノミコト

国作りをした神とたたえられるオオクニヌシノミコトは、いくつもの名前をもった偉い神であった。

●オオクニヌシのもともとの名前とは

表に示したように、オオクニヌシノミコトの別名がいくつも伝えられているが、もっとも古いかたちのオオクニヌシの神名は、土地の守り神をあらわす「国魂《くにたま》」であったと思われる。のちに、それにさまざまな敬称がつけられて「すぐれた国の守神」をあらわす「オオクニヌシ」や、「すぐれた神々の指導者」をあらわす「オオモノヌシ」の神名がつけられた。

●国魂《くにたま》がもたらす恵み

弥生時代の農耕生活のなかから、土地の守り神で

ある国魂をまつる習俗が発展していった。そのような信仰は「祖霊《それい》信仰」とよぶべきものである。

農業を営む集落で生活する人びとは、田畑をひらいた先祖に大そう感謝した。そして、亡くなった先祖の霊が自分たちの土地の守り神となって子孫を見守っていると考えた。そのような祖霊は、ふだんは集落の近くの山にいる山の神だとされ、農業に必要な山から流れでる川の水は、山の神の贈り物だと考えられた。

次項で述べるように、朝廷がまとめた日本神話のなかのオオクニヌシノミコトを主役とする出雲神話は、農村で生まれた素朴《そぼく》な信仰と天皇中心の神観念とを結びつけるためにつくられた。

スサノヲの子孫とされたオオクニヌシ

スサノヲノミコトは多くの子孫をもうけたが、そのなかでミコトの嫡流《ちゃくりゅう》の六代目にあたるオオクニヌシがとくにすぐれていた。

●スサノヲの流れをくむ六代の神

『古事記』では、オオクニヌシノミコトをスサノヲノミコトの六代目の子孫とする。そして、左の系図に示したように、スサノヲノミコトとオオクニヌシとのあいだに、出雲で信仰された有力な神や、「国魂」の性格をもつ神が多くみられる。

この系図は有力な国つ神をあつめて、その上にスサノヲノミコトを置くかたちでつくられたのであろう。これにたいし、『日本書紀』では、オオクニヌシノミコトをスサノヲノミ

スサノヲノミコトの子孫たち

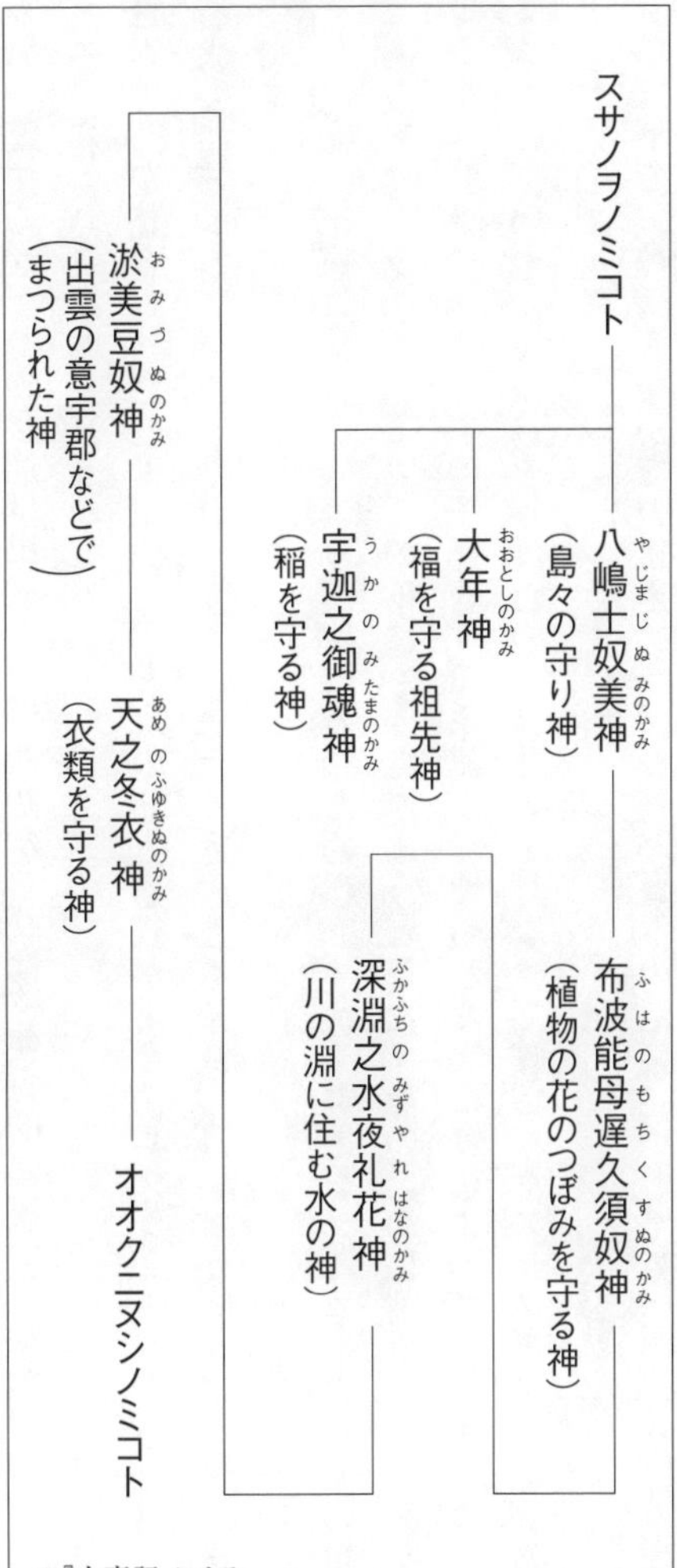

コトの子とするが、その系図は出雲の信仰にかかわりなく便宜《べんぎ》的に書かれたものといえる。

●王家に作られた〝穢れた神の系譜〟

日本神話が整えられた七世紀には、多くの地方豪族がオオクニヌシノミコトを自家の守り神としてまつっていた。かれらからみれば、もっとも権威の高い神がオオクニヌシノミコトであった。

それゆえ、王家は地方豪族より優位にたつために、オオクニヌシノミコトを自家の祖先神であるアマテラスオオミカミの下にもってこようとした。そのために、オオクニヌシノミコトをスサノヲノミコトの子孫とする系譜がつくられた。これによって、オオクニヌシノミコトは、いったん穢れをうけたのちに祓いを行なって許されたスサノヲノミコトの子孫とされたのである。

次項以下で、神話のなかでのオオクニヌシノミコトの活躍についてみていこう。

イナバノシロウサギ伝説の背景

隠岐島《おきのしま》にいたイナバノシロウサギは、なんとかして本土に行きたいと考え、海面にならばせた鰐《わに》たちの背中をつたって因幡《いなば》にむかった。

●「鰐《わに》」とはなにか

イナバノシロウサギの不幸が、オオクニヌシノミコトに幸運をもたらし、ミコトを国作りを行なった偉大な神にした。シロウサギは、

「私の一族とあなたの一族と、どちらが多いか確かめるために、鰐の数を数えましょう」

と言って鰐をならばせた。しかし、鰐たちの背中をつたって陸地にたどりつく寸前《すんぜん》にウサギの悪だくみがばれてしまい、ウサギは鰐に皮をむかれた。

あと（197ページ以降）でくわしく述べるように、古代人は巨大なサメを海神のつかいとみて、「鰐」とよんで恐れていた。

海のそばで生活する人びとは、子どもたちに「鰐に近づいてはならない」と教えた。そのような古代人は、神のつかいである鰐を口先でだます悪事をはたらいたイナバノシロウサギは、海神の罰をうけて当然だと考えたのだろう。

●シロウサギの〝故郷《ふるさと》〟はどこか

『塵袋《ちりぶくろ》』という後世の文献に、興味深い伝承がある。イナバノシロウサギは、もとは因幡国の竹林のなかに住んでいたが、その竹林は洪水で流されてしまったとするものである。

このときウサギは、竹の根に乗って流されて隠岐島に着いたという。かれの故郷は、本

土であったのだ。

隠岐島は、古代人が石器に用いた黒曜石《こくようせき》の産地であった。この黒曜石でつくられた石器は、縄文時代の山陰地方に広く分布している。

●「石器の道」が生んだシロウサギ伝説

山陰地方の縄文人にとって、隠岐島は貴重な石器の産地であるとともに、容易に渡れない遠隔地であった。それゆえ、かれらのあいだで石器を求めて隠岐に行ったまま帰ってこなかった者や、命がけの航海をして隠岐島から帰ってきた者の言い伝えが長くうけつがれたとみられる。

縄文時代のそのような伝承が、イナバノシロウサギの神話につながったのだろう。日本神話は、イナバノシロウサギは「兎神《うさぎがみ》」という神であったとする。かつて、台風などにあいながら思いがけない幸運によって隠岐島から因幡国に帰りついた人がいたのかもしれない。かれは、のちに航海安全の神としてまつられたのだろう。

そして、そのような冒険家の苦難の話が、鰐の背中を渡って本土にたどりつく話へと発展していったのだろう。

次項で記すように、日本神話では、このイナバノシロウサギは、古代人が「まれびと」

とよんだ神として描かれている。

イナバノシロウサギとの出会いの意味

オオクニヌシノミコトが八十神《やそがみ》のお供として因幡国のヤカミヒメのところにむかっていたときに、鰐に皮をむかれたイナバノシロウサギに出会った。このときミコトは、ウサギに体を洗い、ガマの穂にくるまるように教えた。これによってウサギはもとのようなきれいな毛並みになった。

●幸運をもたらす「まれびと」とは

イナバノシロウサギの物語は、民話に多く出てくる「まれびとの来臨《らいりん》の話」のひとつであるとされる。それは、神が不幸な生き物の姿になって人びとの前にあらわれ、自分にやさしくしてくれた者に幸運をもたらすというかたちをとっている（「舌切り雀《すずめ》」の話などがこのかたちの話である）。

『古事記』には、皮をむかれたウサギが「兎神《うさぎがみ》」であったとする記事もある。オオクニヌシノミコトはウサギを助けたことをきっかけにさまざまな苦難にあいながら、それを乗り越えて成功者になる。この意味で兎神は、良い運をオオクニヌシに与えたことになる。

●医術の神としてのオオクニヌシノミコト

あと（168ページ）に記すオオクニヌシの国作りの仕事のなかに、病気をしずめることがある。このことは、オオクニヌシが呪医的性格をもつ神であったことを示している。日本神話がつくられた時期には、ガマの穂は切り傷に効く民間薬として用いられていた。そのため、神話のよみ手は、ガマの穂の効用を知るオオクニヌシを古代の医術に通じた神とみていた。それゆえ、ここにあげたイナバノシロウサギを救う話は、オオクニヌシノミコトが若いときから国作りの神となるのにふさわしい能力をもっていたことを示す意味もあったと考えてよい。

次項では、イナバノシロウサギがどのようなかたちで、オオクニヌシノミコトに恩返しをしたかを記そう。

ヤカミヒメをめぐる争い

イナバノシロウサギは、オオクニヌシノミコトにこう言った。「八十神はヤカミヒメを手に入れられないでしょう。荷物もちをしていても、あなた様がヤカミヒメにふさわしいお方です」。この言葉は、お告げ神の神託《しんたく》のようなものであった。この言葉どおりに、ヤカミヒメはオオクニヌシノミコトを選んだ。

●意地悪な八十神

八十神は、古代の小国の若者をあつめた戦士の集団をあらわすものではないかと考えられている。このような戦士集団の構成員は、だれもが「将来は小国の首長にのし上がってやろう」とか「戦士の指揮官になろう」と考え、たがいに激しく競いあう。

動物好きで心のやさしい若者は、そのような競争からとり残されてしまう。仲間の荷物運びをさせられたオオクニヌシノミコトの姿は、そのような脱落者のありさまをあらわすものであった。

八十神は、皮をむかれたイナバノシロウサギをみて、イタズラしてやろうと考えた。そして、ウサギに、こう言った。

「海水を浴びて、風通しのよい山の上で寝ているとよいぞ」

この言葉に従ったウサギは、海水の塩分で肌が真っ赤にただれて、以前にも増す苦しみをうけることになった。

●オオクニヌシの〝勝因〟とは

勝ち残るためにまわりと競いあう日々を送っていると、考えがかたよってくる。強者に媚《こ》びて、弱者を叩《たた》くのが当たり前だと思えてくるのだ。このような八十神は、気の毒なウサギを救う気持ちのゆとりがなかった。

しかし、若者組の敗者であったオオクニヌシノミコトは、人間らしいやさしい心を失わずにいた。このことによって、かれは兎神の助けを得た。ヤカミヒメも、生き物を愛するオオクニヌシノミコトは、弱者をいじめる八十神よりもすぐれた人間だと思えたのであろう。

イナバノシロウサギの物語は、やさしい心をもつ者が成功者になることを教えるものである。しかし、次項で記すように、八十神はオオクニヌシノミコトのよさを理解できなかった。

八十神の逆襲

八十神はヤカミヒメをとられたことを怒り、オオクニヌシノミコトを殺そうとした。そして、かれを山のふもとに連れて行って「おれたちがこの山の赤いイノシシを追い落とすから下でつかまえろ」と命じた。そして、岩を真っ赤になるまで焼いて山から落とした。このため、オオクニヌシノミコトは焼けた岩に押しつぶされて亡くなった。

●一致団結する八十神

八十神は、それまでヤカミヒメを取りあってたがいにいがみあっていた。しかし、日ごろから見下しているオオクニヌシノミコトがヤカミヒメの愛を得る予想外の事態にあい、心をひとつにした。

こうなると怖い。平凡な人間が群集心理で予想もつかないような乱暴をはたらくからだ。オオクニヌシ神話には、いつの時代でも変わらない人間の心理が描かれている。

古代の社会には、ひとつの集団の構成員がそろって若者を苦しめるかたちの「成年式」が多くみられた。この成年式が、八十神の怒りの話のもとになったとする見方もある。

●成年式にみる「死と再生」の思想

若者は成年式の場で、年長者が課した種々の試練をやりとげねばならなかった。これができたときにかれは成年としてあつかわれて、一人前に人びとと交流し、嫁をもらう資格を得る。日ごろからまわりの反感をかっていた若者は、この成年式のときにあれこれ意地悪をされて大いに苦労する。

オーストラリアのウイラブリ族の成人式には、成人を迎える若者の身代わりとなる人形を森のなかで焼く儀式がある。これは、未熟な成人前の若者は成人式のときにいったん死に、新しい人間としてよみがえることを象徴するものである。このような発想は、かつて南方に広くみられたと思われる。

オオクニヌシノミコトは、八十神の迫害によっていったん死んだのちによみがえった。次項では、かれがどのようにして再生したかをみておこう。

天つ神・カミムスヒノミコトの助け

オオクニヌシノミコトの母神は、わが子の死を悲しみ、高天原に行ってカミムスヒノミコトに救いを求めた。そこで、カミムスヒノミコトはふたりの娘を地上におくり、オオクニヌシノミコトを生き返らせた。

●貝の女神に救われる

カミムスヒノミコトの娘キサガイヒメ[③]は、焼けた岩にへばりついたオオクニヌシノミコトの体を、貝のからで岩からはがした。ついで、カミムスヒノミコトの娘のウムガイヒメ[④]が母神の乳に薬をまぜて、オオクニヌシノミコトの体に塗った。これによって、オオクニヌシノミコトはもとのような美しい男になったという。

キサガイヒメは赤貝の精でありウムガイヒメは蛤《はまぐり》の精であるとされる。この二柱の貝の

③キサガイヒメ㊐なし㊅𧏛貝比売
④ウムガイヒメ㊐なし㊅蛤貝比売

神は出雲国の島根郡でまつられていた。いずれの神も貝が多くとれる土地を守る海神である。

山から来る悪神ヤマタノヲロチは赤い目をしていたとされ、オオクニヌシノミコトは山から落ちてきた真っ赤に焼かれた石によって殺された。このような話のなかの赤い色は、山の不吉なものをあらわすものであった。そして、山の悪い力によって殺されたオオクニヌシノミコトが、生命の源である海に生きる貝の神の力によって救われたとされたのである。

●出雲的な神・カミムスヒノミコト

日本神話は、カミムスヒノミコトは、ウムガイヒメとキサガイヒメを送ってオオクニヌシノミコトの命を救い、のちにスクナヒコナノミコトにオオクニヌシの国作りを助けるように命じたと記している。

これにたいし、カミムスヒノミコトと対《つい》になるタカミムスヒノミコトは、国譲りの手助けなどを行ない皇室寄りの動きをとったとされる。

これは、日本神話のなかに、中立の神、大和的な神（陽の性質の神）、出雲的な神（陰の性質の神）をあわせて造化《ぞうか》三神とする図式（41ページ）

造化三神の役割

大和的な神	タカミムスヒノミコト
中立の神	アメノミナカヌシノカミ
出雲的な神	カミムスヒノミコト

オオクニヌシノミコトの2度目の死

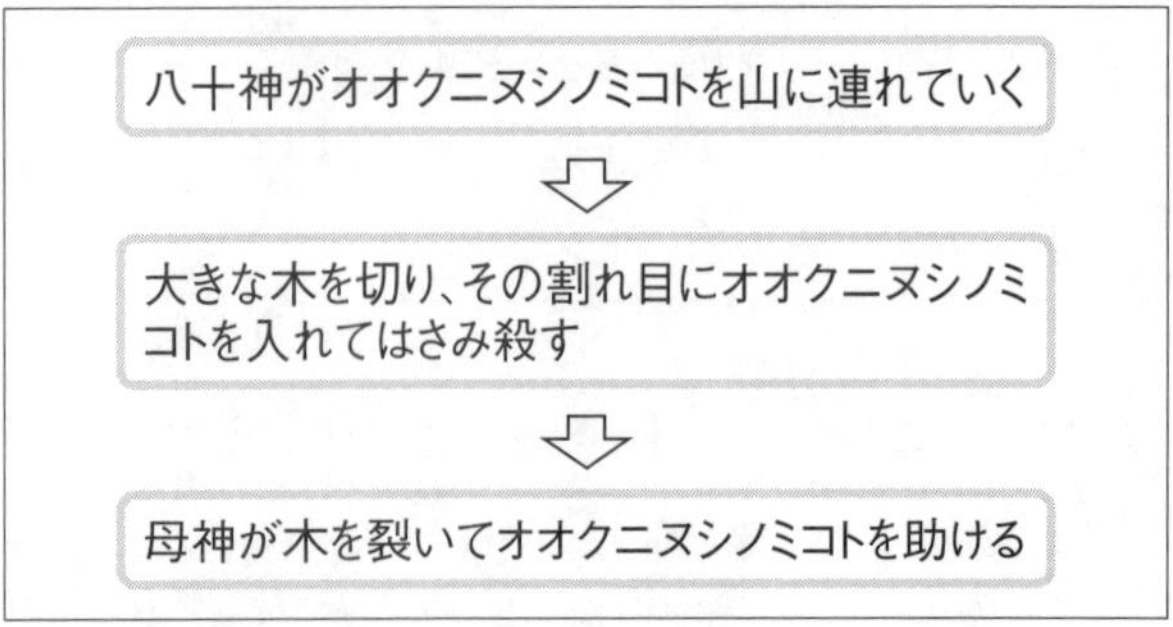

八十神がオオクニヌシノミコトを山に連れていく
大きな木を切り、その割れ目にオオクニヌシノミコトを入れてはさみ殺す
母神が木を裂いてオオクニヌシノミコトを助ける

があったことを示している。

オオクニヌシノミコトは、このあとふたたび八十神に殺される（上の図参照）。そして、ふたたびよみがえったあと、母神のすすめで、次項以下に記す根の国への冒険旅行に出かけたとされる。

オオクニヌシ、根の国のスサノヲを訪ねる

オオクニヌシノミコトが根の国のスサノヲノミコトの御殿を訪れたとき、スサノヲノミコトの娘スセリヒメがミコトを迎えに出てきた。このとき、ミコトとヒメは強くひかれあった。

●再生する王者

「美しい男の方がいらっしゃいました」という娘の言葉を聞いたスサノヲノミコトは、地上からの客を歓迎しなかった。かれは、オオクニヌシノミコトを夜中に蛇の群れが出

てくる恐ろしい蛇の室屋に通したのだ。

根の国は、死者の住む国である。日本神話は、オオクニヌシノミコトは地上で二度死んで二度よみがえり、さらにふつうの者ならとうてい戻れない根の国に行って、そこから生還したという。

このような物語は、王者は再生することによってすぐれた能力を身につけるとする発想からつくられた。アフリカから東アジアにいたる広い範囲で、王者が即位式に「死と再生」をあらわす儀式を行なう習俗がみられる。

あと（188ページ）でくわしく紹介するが、天皇が即位したときに行なわれる大嘗祭《だいじょうさい》のなかの真床追衾《まとこおうぶすま》の儀式は、皇族のひとりであった人間としての新帝がいったん死に、天皇という神としてよみがえることを象徴するものである。

●国作りの指導者に課される試練

オオクニヌシ神話は、オオクニヌシノミコトが何度も殺されることにより、殺された数だけ偉大になり、国作りをする能力を身につけたと主張するものである。157ページの表に示したように、オオクニヌシノミコトは根の国でも多くの苦難にあった。そして、次項で記すような、スセリヒメの助けによってそれをのりきった。

やまないオオクニヌシの苦難

スセリヒメは父に内緒で、蛇の室屋に入れられたオオクニヌシに蛇の領布《ひれ》(蛇よけの長い布)を渡した。そして、蛇が襲ってきたらそれを振るように教えた。蛇が出てきたときにオオクニヌシノミコトが領布を振ると、蛇はおとなしくなった。

●「服役婚」の習俗とは

オオクニヌシの根の国での苦難の物語は、服役婚《ふくえき》の習俗と深くかかわるものではないかとされている。

東南アジアには、結婚に先立って花婿が花嫁の実家に住みこんで一定の期間働く服役婚の習俗が広くみられる。

いつの時代でも、父親は娘を奪っていく若い男に強い反発を感じる。そこで、求婚者が娘の育った家の家長《かちょう》である父親のもとで一定期間働いて過ごし、自分が娘にふさわしい人間であることを父親に認めてもらう習俗がつくられたのである。

スサノヲノミコトは、オオクニヌシノミコトに過酷な試練を課したとされているが、それは娘を思う親心からなされたものであった。

根の国での苦難

- 蛇の室屋に入れられる ──→ スセリヒメにもらった蛇の領布《ひれ》を振って蛇をしずめる
- ↓
- ムカデとハチの室屋に入れられる ──→ スセリヒメにもらったムカデとハチの領布を振ってムカデとハチをしずめる
- ↓
- 野原にいたところ、まわりから火をかけられる ──→ ネズミの教えでほら穴に入って助かる
- ↓
- スサノヲノミコトの頭にたかったムカデを取らされる ──→ スセリヒメにもらったムクの木の実と赤土を口に含んで吐き、ムカデをかみつぶしたふりをする
- ⇩
- スサノヲノミコトがムカデ取りをしてもらっていると思い気分をよくして眠ったすきに、スサノヲが身動きできないようにして逃げだす

●「難題婿」の物語への発展

服役婚の習俗のなかから、難題婿《なんだいむこ》の物語がつくられた。それは、娘の父親が求婚者に難題を課し、求婚者が娘の助けをうけてそれをのりきるものである。オオクニヌシノミコトの根の国訪問の神話が、古代日本の服役婚の習俗のなかからつくられたことはまちがいない。

さらに、東南アジアの宗教団体のなかに、入信者に蛇や蜂のいる部屋で過ごす度胸試しを課すものがあった点にも注目したい。こういった習慣の伝聞をもとに、オオクニヌシノミコトの難題婿の話が蛇や蜂が登場する恐ろしげなものになったのであろう。

オオクニヌシノミコトは、試練をのりきったあと根の国にあった地上の支配者となるのに必要な神宝を得た。次項では、それがどのようなものであったかを記そう。

オオクニヌシノミコトが得た宝

オオクニヌシノミコトは、スサノヲノミコトが眠っている隙《すき》をついて、スセリヒメをつれ、生太刀《いくたち》などの神宝をもって逃げだした。

●死者をも蘇らせる鎮魂祭の呪具

オオクニヌシノミコトが根の国からもってきた生太刀・生弓矢《いくゆみや》と天《あめ》の沼琴《ぬごと》は、皇室の重要なまつりのひとつである鎮魂祭《ちんこんさい》で用いる呪具である。それらの呪力によって、死者も生き返るといわれるものである。

この鎮魂祭は、大和朝廷の発祥時に三輪山のオオモノヌシノカミのまつりとして行なわれていたものであると思われる。そして、四世紀に鎮魂祭の場が北方の石上《いそのかみ》神宮に移り、物部《もののべ》氏がその神事をうけもつようになった。さらに、七世紀末の宮廷儀礼の整備のなかで、鎮魂祭が朝廷で行なわれるようになった。根の国訪問の話は、もとはオオモノヌシノカ

根の国の宝

生太刀《いくたち》………	強い呪力をもつ祭器
生弓矢《いくゆみや》………	〃
天《あめ》の沼琴《ぬごと》……	神をよぶ琴

ミが鎮魂祭をはじめた由来を説くものであったと思われる。

●根の国の呪術を得る

鎮魂祭にあたる神職は、このように主張する。

「このときオオクニヌシノミコトが、策略でスサノヲノミコトの動きを封じて根の国の宝をもってこなければ、人間の生死は根の国の神に握られていた。しかし、オオクニヌシノミコトのはたらきによって、鎮魂という呪術を用いて寿命をのばすことができるようになった」

オオクニヌシノミコトは、スサノヲノミコトの髪の毛を屋敷の屋根裏にわたした垂木《たるき》に結びつけて身動きできなくし、逃げだしたという。このように策略を用いて恐ろしいものを身動きできなくして逃げるという話は、インドネシアなど南方に広くみられる。

スサノヲノミコトがオオクニヌシノミコトに逃げられたあと何をしたか、次項でみていこう。

スサノヲの後継者となるオオクニヌシ

スサノヲノミコトは、垂木に結ばれた髪の毛をほどいてオオクニヌシノミコトのあとを追い、「根の国の呪具を用いて地上の王者になれ」とよびかけた。

●古代人の理想のリーダー像とは

スサノヲノミコトが根の国のはずれに駆けつけたとき、オオクニヌシノミコトたちはすでに、根の国と地上とを結ぶ黄泉津比良坂《よもつひらさか》を越えていた。そこで、スサノヲノミコトは娘を取り返すことをあきらめ、オオクニヌシノミコトを娘の結婚相手として認めて、かれを祝福した。このとき、スサノヲノミコトはこう言った。

「生太刀、生弓矢を用いて、そなたの兄たち、弟たちを従えよ」

この言葉は、武器を使って兄弟たちを討つことを意味するものではない。生太刀、生弓矢は、病気を治すなどして人間の寿命をのばす呪具である。古代人は、医療やまじないを行なう者を自分たちの首長としてあがめた。

八十神は、オオクニヌシノミコトが役に立たない者だと考えていじめてきた。しかし、かれらはオオクニヌシノミコトが病気を治す力をもっていると知ると、万一のときにミコトに助けてもらおうとして、ミコトをたてるようになった。

●首長を支える巫女の呪力

オオクニヌシの呪力が、スセリヒメから与えられたものである点に注意したい。オオク

巫女に支えられた男性の指導者たちの例

巫　女	男性の首長
アマテラスオオミカミ	スサノヲノミコト
スセリヒメ	オオクニヌシノミコト
ヤマトトトヒモモソヒメ	崇神《すじん》天皇
神功《じんぐう》皇后	仲哀《ちゅうあい》天皇

ニヌシノミコトは、生まれつきの呪術師ではなかった。

古代の巫女《みこ》は、病気治療の呪術を行なうときに領布《ひれ》を用いた。それを振ることによって、他界に迷いこんだ病人の魂をよびもどしたのである。前に記したように、日本神話は、オオクニヌシノミコトがスセリヒメから借りた領布のおかげで、蛇の室屋とムカデとハチの室屋の災難を避けることができた。

こういった話は、首長が自分の一族の女性のもつ巫女としての呪力によって、人びとを指導していた社会でつくられたとみられる。前（123ページ）にアマテラスオオミカミとスサノヲノミコトとの組み合わせが、卑弥呼《ひみこ》と彼女の男弟《だんてい》との関係に近いことを指摘したが、オオクニヌシノミコトとスセリヒメの夫婦も、これに似たものといえる。

●日本的な〃英雄求婚譚〃

『古事記』や『日本書紀』に、呪力をもつすぐれた女性に支えられた男性がすぐれた指導者になったという話が多く出てくる。日本の人びとは、縄文時代から、大和朝廷の誕生後まもない時期（三〇〇〇年ごろ）までの長期にわたって、巫女が語る神託《しんたく》に従って生活していたのである。

オオクニヌシノミコトの根の国訪問の話を、世界に広く分布する「英雄求婚譚《たん》」のひとつとする説もある。それは、英雄が他界に行き、さまざまな試練をのりきったのちに他界の王女を妻にして、他界の宝物を持ち帰るかたちをとる。

ところが、外国の英雄求婚譚の多くは、他界の美女は恋愛の対象であり、英雄が得た宝物はふたりが豊かな生活を送るための財産だとするかたちをとる。それにたいして、日本神話は、スセリヒメのもつ呪力をオオクニヌシノミコトが得た宝とする。このような日本的英雄譚が、巫女が尊敬された社会でつくられたことはまちがいない。

次章では、スセリヒメのもつ根の国の呪具を得たあと、オオクニヌシノミコトの国作りがどのようになされたかをみていこう。

7章

平穏をもたらした地上の神が突然、「国譲り」を強いられた謎

●地上の神オオクニヌシによる国作りと天の神々の来訪――

オオクニヌシノミコトは、根の国からもどると、生太刀《いくたち》と生弓矢《いくゆみや》をもって八十神《やそがみ》を従えた。そして、オオクニヌシノミコトの国作りがはじまった。このとき、スセリヒメがオオクニヌシの正妻とされたために、ヤカミヒメは子どもを残して因幡国《いなばのくに》に帰ってしまった。

このあと、小さな体をしたスクナヒコナノミコトが海のむこうからオオクニヌシノミコトのもとを訪ねてきた。かれはカミムスヒノミコトの子神で、父神の指のあいだから地上に落ちてきたのである。このスクナヒコナノミコトが父神の言いつけによってオオクニヌシノミコトの仕事を助けることになった。このスクナヒコナノミコトの知恵に支えられて、国作りの事業は大いにすすんだ。

このスクナヒコナノミコトが常世《とこよ》の国に去ると、オオモノヌシノカミがあらわれてオオクニヌシノミコトを助けた。やがてオオクニヌシノミコトの子孫の神が多く生まれ、国つ神の支配のもとで、人びとは平和に過ごした。

しかしあるとき、高天原《たかまがはら》のアマテラスオオミカミが、「日本はわが子孫の治める国である」と言いだした。そのため、高天原の使者の言いつけに従って、オオクニヌシノミコトは身を隠し、地上の統治権を皇室に差しだすことになった。

"小さな神"の来訪

出雲の美保《みほ》の岬《みさき》に、小さな神がやってきた。オオクニヌシノミコトがクエビコ①にかれの名を聞くと、「カミムスヒノミコトの子のスクナヒコナノミコト」という答えが返ってきた。そこで、オオクニヌシノミコトはスクナヒコナノミコトを自分のもとに預けてくださいとカミムスヒノミコトに頼んだ。

●カカシの神の教えを乞う

オオクニヌシノミコトが小さな神の名前を聞いたところ、だれも知らなかった。そこで、ミコトは、ヒキガエルのすすめで、知恵者であるカカシの神クエビコのもとを訪ねたという。

カカシは、古代においては田の所有権の標識として用いられた。そして、そこから、田の神、水の神としてまつられた。さらに、昼夜田のなかに立ちつくすカカシは、あらゆるものを見てきた物知りとされた。

ちなみに、オオモノヌシノカミ（オオクニヌシノミコトと同一の神）をまつる大神《おおみわ》神社のそばに久延彦《くえびこ》神社がある。

 ①クエビコ㊐なし㊒久延毗古

●協力しあう大きな神と小さな神

オオクニヌシノミコトは、先祖のスサノヲノミコトと同様、人間より大きな巨人神であった。そして、かれとともに活躍したスクナヒコナノミコトは、カミムスヒノミコトの手の指のあいだからこぼれ落ちた、わずか数センチメートルほどの小さな神であった。

古代の日本には、力を象徴する大きな神と知恵をあらわす小さな神とが人びとを助ける話が多くみられる。次項では、なぜ知恵の神が海のはてからやってきたのかを考えてみよう。

海からやってくる知恵の神

オオクニヌシノミコトのもとを訪れたスクナヒコナノミコトは、ガガイモ（マメ科の植物）でつくった舟に乗り、蛾《が》の羽でつくった衣服を着ていた。

●「まれびと来臨」の意味

日本神話は、スクナヒコナノミコトが、海のはての未知の世界から異様な姿をして出雲の地に来たとする。

このような姿をとるミコトの出現の話は、前（147ページ）にあげた「まれびと（呪力をもった遠来の客）の来臨」の物語のひとつの型であるとされる。

体が小さく力も弱い「まれびと」に手をさしのべて、かれらを野獣の害から守ってやった者は、「まれびと」からさまざまな幸運を与えられる。オオクニヌシノミコトはスクナヒコナノミコトから多くの有益な知識を得た。「一寸法師」の話も、これと同じ小さな姿の「まれびと」の物語である。一寸法師を家族の一員として受け入れた五条《ごじょう》の大臣《おとど》の娘は、鬼に襲われたときに一寸法師に助けられる。

●エビス神だったスクナヒコナノミコト

古代の日本には、海のはてから来た見なれないものを「エビス神」としてまつる習俗があった。これは前にもあげた、海のはてに常世《とこよ》の国という神々の世界があるとする信仰からくるものである。

海岸に漂着したものは、すべて常世の国からの贈り物とされたのである。それゆえ、「エビス神」をまつる神社でサメの骨や流木を御神体《ごしんたい》としたものもある。

エビス神であるスクナヒコナノミコトの知恵と協力によって、オオクニヌシノミコトの国作りはすすんだ。しかし、次項に記すようにスクナヒコナノミコトはまもなく常世の国に去っていった。

常世の国に去るスクナヒコナノミコト

スクナヒコナノミコトは、オオクニヌシノミコトとともに国作りにあたったが、あるとき粟《あわ》の茎《くき》に登っていたところ、曲がった茎がまっすぐにもどる力にはじかれて、常世の国に去っていってしまった。

●「国作り」の中身とは

スクナヒコナノミコトは、オオクニヌシノミコトとともに「人間や家畜の病気の治療法を広めたり、作物を守る方法を教えたり」(『日本書紀』第六の一書)して国を治めたという。

この記事からみて、オオクニヌシノミコトとスクナヒコナノミコトが行なった「国作り」が、生活に必要な高度な知識や技術を広めることであったことがわかる。「国作り」は、国土をつくることや、田畑をひらくことではない。

前に述べたように、国土をつくったのはイザナギノミコトとイザナミノミコトの夫婦の神であった。そして、原野を豊かな農地に変えるのは人間の仕事である。

このようなオオクニヌシノミコトの「国作り」の話は、「人間は神のはたらきに頼って怠《なま》けて過ごしてはならない。生活を豊かにするための労働が尊《とうと》い」と人びとに教えるものだと考えられる。

●座敷童《ざしきわらし》と小さな神

日本の各地に、知恵のある子どもの神をまつる習俗がみられる。そのなかでも、東北地方の民話にみられる座敷童《ざしきわらし》がよく知られている。

前（92ページ）に述べたように、縄文時代には、スサノヲノミコトやオオクニヌシノミコトにつらなる自然の猛威《もうい》をあらわす巨大な神がまつられていた。そして、そのような巨大な神をまつる人びとが、巨大な神とともに、巨大な神が怒ったときにそれをしずめる知恵をもつ小さな神をまつったのである。

オオクニヌシノミコトの国作りの物語は、縄文時代以来の信仰のうえにつくられたものである。次項では、スクナヒコナノミコトが去ったのちのオオクニヌシノミコトの行動をみていこう。

オオモノヌシノカミの助け

スクナヒコナノミコトに去られたオオクニヌシノミコトは、「私ひとりの力では、国作りの大事業をなしとげられまい」と嘆《なげ》いていた。すると、海を輝きわたらせて来る神がいた。その神は、「おまえを手助けしてやろう」と言った。

●三輪山の神の来訪

オオクニヌシノミコトのもとに来た神は、「われをまつれば、国作りはなしとげられよう」と告げた。そこで、オオクニヌシノミコトがその神の名を聞くと、「われは、おまえの幸魂《さきみたま》、奇魂《くしみたま》である」という答えがあった。

この神は、三輪山の頂《いただき》におられる神だとされる。日本神話のこの部分には、三輪山の神の名は記されていないが、『日本書紀』などによって、三輪山の神の名前がオオモノヌシノカミであったことがわかる。

この「オオモノヌシノカミ」の名前はオオクニヌシノミコトの別名でもあるから、オオクニヌシノミコトが自分自身を神としてまつったという奇妙なことになるが、古代の朝廷では、首長霊信仰《しゅちょうれいしんこう》によって、このようなまつりが日常的に行なわれていた。

●弥生人の世界観と首長霊信仰

弥生時代の日本人は、農耕生活のなかから、ひとりの人間が多くの霊魂に守られて生きているとする世界観（祖霊信仰）をつくりあげた。その信仰にもとづいて祖先のまつりを行なえば、いく人もの祖先の霊魂がつねに自分のそばにいて守ってくれるとされた。

首長霊信仰

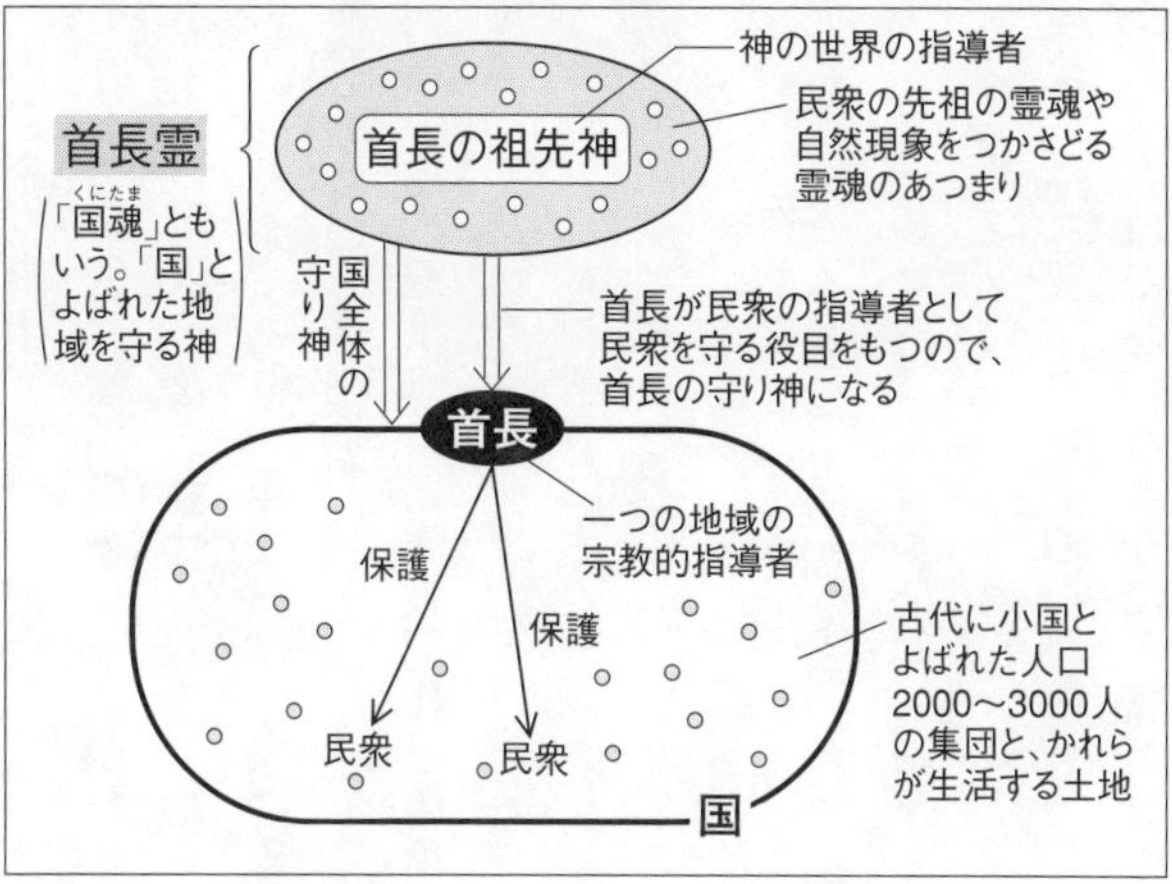

首長霊
「国魂《くにたま》」ともいう。「国」とよばれた地域を守る神
神の世界の指導者
首長の祖先神
民衆の先祖の霊魂や自然現象をつかさどる霊魂のあつまり
国全体の守り神
首長が民衆の指導者として民衆を守る役目をもつので、首長の守り神になる
首長
一つの地域の宗教的指導者
保護
保護
民衆
民衆
古代に小国とよばれた人口2000〜3000人の集団と、かれらが生活する土地
国

このような、まつりの対象となる祖霊のなかには、水の神（水をつかさどる精霊）や風の神、土の神などと親しい祖霊もいると考えられた。そのため、祖霊の守りをうけた人間は、水、風、土などの助けをうけて安心して農業を営めるとみられた。

つまり、弥生時代以後の日本人は、自分が多くの祖霊や自然とともに生きているとする世界観をもっていたのである。

このような祖霊信仰にもとづく祖先のまつりは、神をまつる行為であるとともに、自分と一体となった霊魂を力づけることであった。

大和朝廷がつくられたのちの王家は、王家の祖先の霊を、大和朝廷の支配下のすべての人間の守り神である首長霊とした。そして、自家の祖先の霊を三輪山でまつった。

そうなると、三輪山のまつりはかなり複雑な性格のものになる。つまり、大王《おおきみ》がまつるつぎの三つの性格をあわせたもの、第一に、自分自身と一体化した神々であり、第二に、王家の守り神であり、第三に、王家の支配下のすべての人の守り神であるのだ。

●幸魂《さきみたま》・奇魂《くしみたま》とはなにか

何度も述べたように、六世紀に三輪山のオオモノヌシノカミに代わって、アマテラスオオミカミ（男性神）が王家の守り神になった。

そこで、日本神話ではオオモノヌシノカミは天皇の守り神ではなく、オオクニヌシノミコトの守り神であるとともに、オオクニヌシノミコト自身でもある首長霊信仰的な神とされた。

先に述べた幸魂《さきみたま》は「幸福をもたらす魂」、奇魂《くしみたま》は「万事を知ることのできる魂」を意味する。オオクニヌシノミコトは、みずからの中にあるこのような力を用いて国作りをすすめたとされる。

オオクニヌシノミコトの指導のもとで、日本はにぎわい、穏やかな暮らしが営まれた。

しかし、次項で述べるように、高天原の神々からみれば、その状況は好ましいものではなかった。

国つ神の繁栄

高天原のアマテラスオオミカミが、「日本はわが子のアメノオシホミミノミコトが治める国」だと言いはじめた。そして、この言葉に従おうとして、アメノオシホミミノミコトが天の浮橋から下を見下ろした。すると、地上はたいそう騒がしく荒れていた。

●秩序を求める天つ神

皇室につながる天つ神たちは、天皇を頂点とする整った身分秩序のある世界を望ましいものとみていた。それにたいして、国つ神たちは地上で、神々も人間も動物たちも別《わ》け隔《へだ》てのない平等な社会をつくっていた。天つ神は、この無秩序な状況が気に入らなかったのだ。

日本神話のこの主張は、地方豪族が好き勝手な支配を行なうかたちを国つ神の世界としたうえで、文明を発展させて、アマテラスオオミカミをまつる天皇家の指導のもとで奈良時代風の整備された国家をつくりあげることが、人びとに幸福をもたらすと説くものである。

大国主命をまつる主な神社

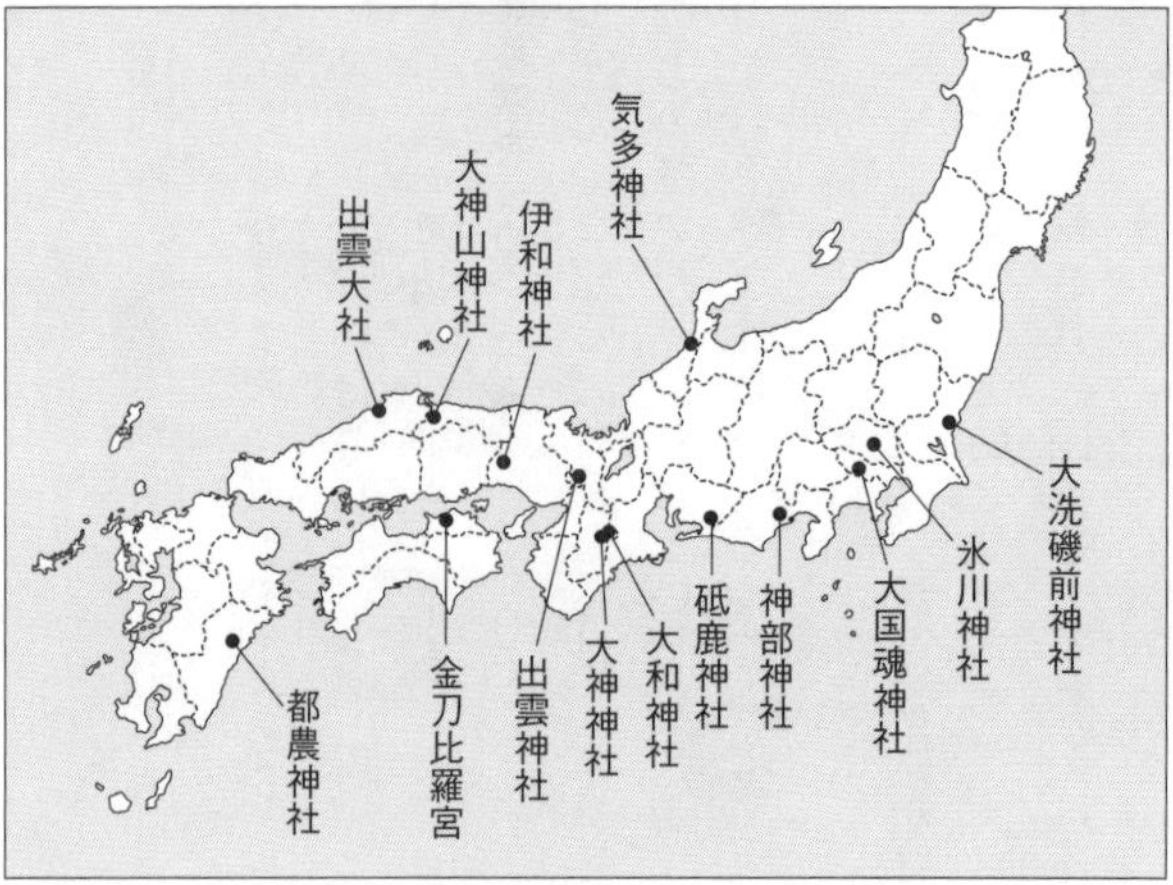

●オオクニヌシ信仰の全国的広まり

日本神話がつくられた七世紀には、縄文人の信仰の流れをひくオオクニヌシノミコトが全国で広くまつられていた。この段階では、六世紀以降に新たに整えられたアマテラスオオミカミ信仰は庶民《しょみん》になじみの薄《うす》いものであった。

それゆえ皇室は、天つ神が国つ神の上位にあることを示すために、次項に記すような「国譲《くにゆず》りの物語」をつくらねばならなかった。

皇室を権威づける「国譲り」の物語

タカミムスヒノミコトとアマテラスオオミカミは、天《あめ》の安《やす》の河の河原に神々をあつめて、「地上に満ちている荒れ狂う（荒ぶる）国つ神どもをどのようにして従えればよいか」とた

国譲りのいきさつ

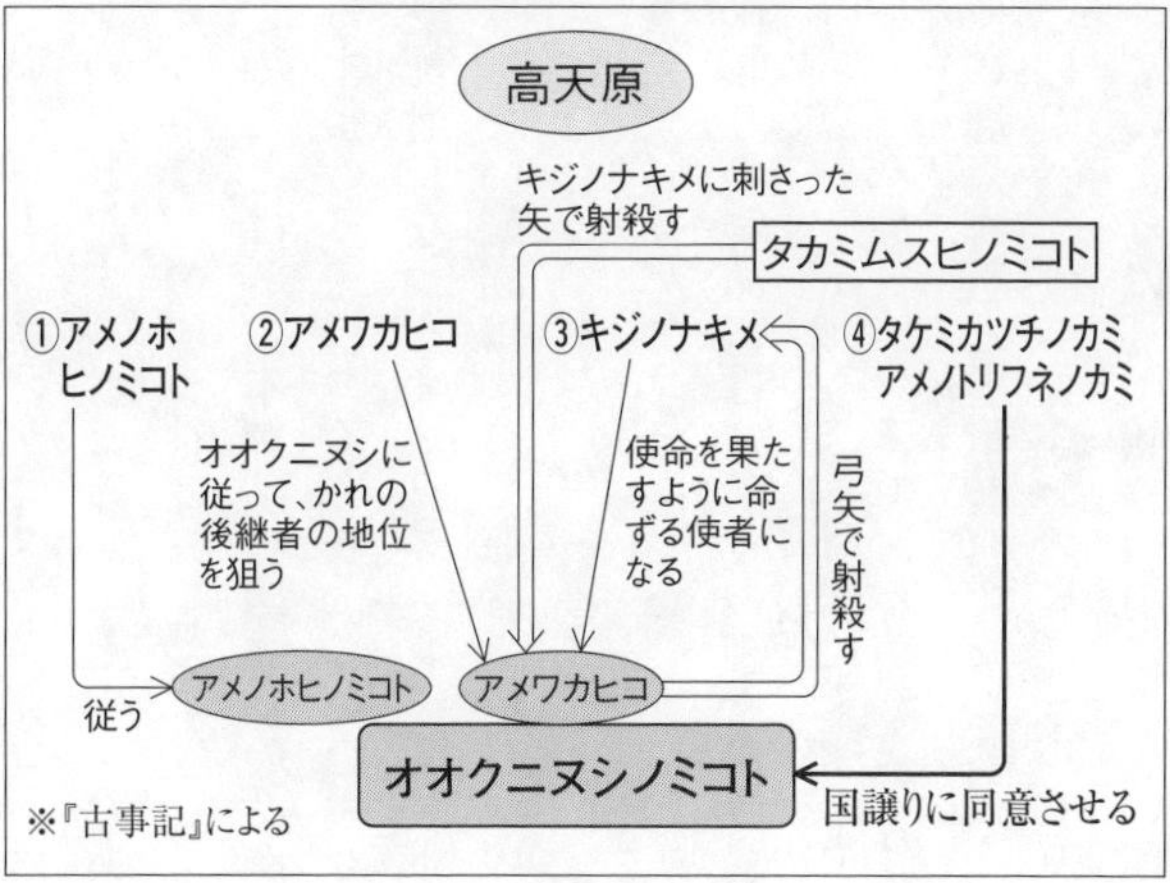

ずねた。そして、このときの話し合いによって、アメノホヒノミコトがオオクニヌシノミコトのもとに送られることになった。

●アマテラスオオミカミの使者たち

アマテラスオオミカミが使者を送ってオオクニヌシノミコトを従える国譲りの神話は、大がかりな物語である。上の図に示したように、高天原から四度もしくは五度にわたる使者が送られ、長い期間を経たのちに国譲りが成ったとされる。

『日本書紀』は、国譲りの直前までを神《かみ》代上《よじょう》とし、国譲り以後を神代下《げ》とする。このことからみても、国譲りが日本神話全体の流れのなかで重要な位置をしめていたありさまがわかる。

日本神話は、イナバノシロウサギを助けるやさしい心をもつオオクニヌシノミコトは、人びとの生活を向上させるために「国作り」を行なったと記す。ところが、そのすぐあとにおかれた「国譲り」の物語で、オオクニヌシノミコトなどの国つ神は、「荒ぶる」神と非難された。

　このことは、日本神話の国譲りの話が、アマテラスオオミカミに従わないことを悪だとする主張のうえにつくられたことを示している。ゆえに、高天原の神々に断りなしに出雲の支配者になったオオクニヌシノミコトは荒ぶる悪神とされた。この記述は、皇室の統治をうけない豪族はすべて悪者で、討伐《とうばつ》の対象となるとされる奈良時代的な世界観によって記されたものである。

●全国の神々が集合する

　国譲りの物語には、多くの神々が登場する。オオクニヌシノミコト、[2]コトシロヌシノミコト、アメノホヒノミコトなどは出雲の神であるが、オオクニヌシノミコトを従えた[3]タケミカツチノカミと[4]フツヌシノカミ（この神は『日本書紀』の国譲りの話だけにみえる）は、茨《いばら》城《き》県の鹿島《かしま》神宮と香取《かとり》神宮でまつられた東国の神である。

　そして、オオクニヌシノミコトの子神、[5]タケミナカタノカミは、信濃国の諏訪《すわ》の神である。このように、国譲りの場には広い範囲から神々があつまってきたことになる。

②コトシロヌシノミコト(日)事代主命(古)言代主神《かみ》
③タケミカツチノカミ(日)武甕槌神(古)建御雷神
④フツヌシノカミ(日)経津主神(古)なし

鹿島神宮と香取神宮

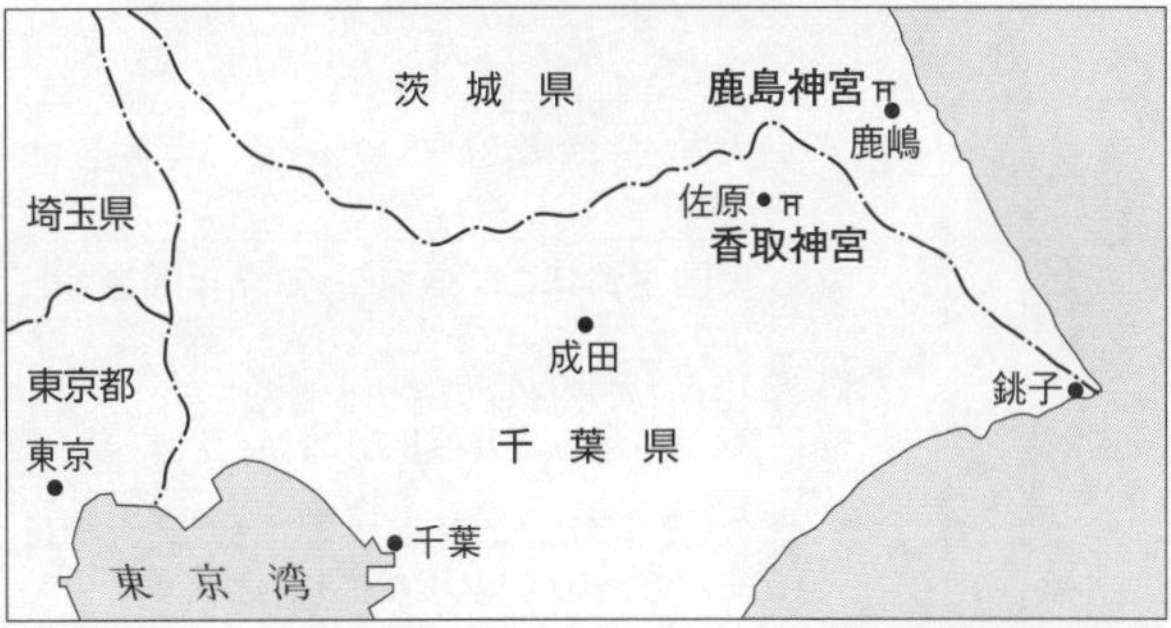

しかも、それらの神々で朝廷の本拠地である大和に祭祀《さいし》の拠点のあるものも多い。オオクニヌシノミコトは三輪山でオオモノヌシノカミとしてまつられており、コトシロヌシノミコトは大和の葛木《かつらぎ》の鴨《かも》の神でもある。

タケミカツチノカミとフツヌシノカミは、藤原氏の氏神《うじがみ》である春日大社《かすがたいしゃ》でもまつられている。日本神話の作者はこのような多様な神をあつめることによって、国譲りを神代史上の重大事として印象づけようとしたのである。

●二大神族の対立の構図

ふたつの神族が争い、その一方が他方を従えるかたちの神話は、西アジアからヨーロッパにいたる範囲に広く分布する。そして、それらは権力者を象徴する神族が、生産者である神族に勝つかたちをとっている。

日本神話の天つ神と国つ神とを対立させる構図は、ペルシアから中国、朝鮮経由で伝わった。そのような西方の神

 ⑤タケミナカタノカミ㊐なし㊀建御名方神

アメノホヒノミコトの異伝

出典		内容
『古事記』		大国主命《おおくにぬしのみこと》にこびへつらって、3年間復命しなかった
『日本書紀』	本文	大国主命にこびへつらって、3年間復命しなかった （さらに天穂日命《あめのほひのみこと》の子の大背飯三熊之大人《おおそびのみくまのうし》を送ったが、かれも復命しなかった）
	第二の一書	タカミムスヒノミコトが大国主命に「天穂日命にお前のまつりをさせよう」と言った
『出雲国造神賀《いずものくにのみやつこかんよ》詞《ごと》』		天穂日命の子の天夷鳥命《あめのひなとりのみこと》と経津主命《ふつぬしのみこと》が、乱暴な神であった大国主命をまつることによっておだやかな神に変えた

話をまねるかたちで整備されたのであろう。

国譲りの神話は、出雲大社の起源を説く役割も担《にな》っている。そのため、次項で述べるように、出雲大社の神職である出雲氏の祖神《おやがみ》アメノホヒノミコトが、興味深い動きをみせている。

国譲り神話の発展

アメノホヒノミコトは、地上に降りるとすぐオオクニヌシノミコトに媚《こ》びへつらってしまい、三年を経るまで高天原に報告ひとつよこさなかった。

●オオクニヌシ側につく使者たち

上の表に示したように、『古事記』や『日本書紀』は、アメノホヒノミコトがオオクニヌシノミコトの側について高天原に背いたとする。ところが、アメノホヒノミコトは何の罰もうけなかった。

しかも、『日本書紀』の第二の一書のように、国譲りのあとに、アメノホヒノミコトがオオクニヌシノミコトのまつりを行なうようになったとするものまである。

さらに、出雲氏の側の伝承である『出雲国造神賀詞《いずものくにのみやつこかんよごと》』には、アメノホヒノミコトの子の⑥アメノヒナトリノミコトが、フツヌシノミコト（フツヌシノカミ）とともにオオクニヌシノミコトに媚びたためとある。このかたちが、出雲大社のまつりにあたった出雲氏のもつ古い伝承を伝えるものではあるまいか。

●物部氏による出雲征服

古代の出雲のあちこちで、フツヌシ、ワカフツヌシの名をもつ神がまつられていた。この神は、物部《もののべ》氏がまつる石上《いそのかみ》神宮の神、フツノミタマと同じ系統の神ではないかと考えられる。大和朝廷は四世紀なかばに出雲を従えるが、中央の有力豪族であった物部氏がそのときに朝廷の出雲支配に重要な役割を果たした。

そのことがもとになって、アメノホヒノミコトと物部系のフツの神とがオオクニヌシノミコトをしずめたという話ができたのであろう。しかし、日本神話が整えられた七世紀に、オオクニヌシノミコトが天つ神に従う話が日本神話の重要な位置におかれるようになった。

 ⑥アメノヒナトリノミコト㊐天夷鳥命(古)なし

その時期に、物部氏の勢力は後退していた。

そのため、七世紀末から有力になった藤原氏がまつる神が国譲りを行なわせる、次項で示すような新しいかたちの話がつくられたのである。

天つ神に敗れた国つ神

アメノホヒノミコトやアメワカヒコ[7]が任務を果たせなかったので、アマテラスオオミカミたちは、今回ははけた外れに強い神を地上に送ろうと考えて、タケミカツチノカミをオオクニヌシノミコトのもとにつかわした。

●出雲平定の主役の交代

『古事記』では、タケミカツチノカミに天と地上とを行き来するアメノトリフネノカミ[8]を添えて地上に行かせたという（175ページの図参照）。これにたいして『日本書紀』では、タケミカツチノカミとフツヌシノカミが送られたとする。

このあとに、タケミカツチノカミとオオクニヌシノミコトの子神のタケミナカタノカミとの力くらべの話が記されているが、武神とされるフツヌシノカミが活躍する場面はない。

前項に述べたように、もとは物部氏がまつるフツヌシノカミが出雲平定にかかわったと

⑦アメワカヒコ㊐天稚彦㊄天若日子
⑧アメノトリフネノカミ㊐なし㊄天鳥船神

する話があった。ついで、七世紀に藤原氏がその話に代わって、自家とかかわりの深いタケミカツチ、フツヌシの二柱の武神がオオクニヌシノミコトを従えた話をつくろうとした。

そのときに、物部系のフツヌシと香取神宮（藤原系）のフツヌシとの混乱をさけるために（物部氏と藤原氏は同名の別々の神をまつっていた）、タケミカツチノカミだけが出雲の神と戦うかたちの物語がつくられた。

●オオクニヌシの二柱の子神の動き

天つ神の子孫に地上の支配権を差しだせというタケミカツチノカミの要求をうけたオオクニヌシノミコトは、自分のふたりの子神に相談してそれにたいする返事をしようと考えた。このとき、兄のコトシロヌシノミコトは国譲りに同意したが、弟のタケミナカタノカミは高天原の使者に反抗したため、タケミカツチノカミに打ち負かされた。かれは諏訪《すわ》に逃げて諏訪の神になった。

オオクニヌシノミコトの二柱の子神の数にあわせるために、高天原の使者も二柱とされたのである。しかし、数あわせにされたフツヌシノカミが戦う場面はない。

朝廷の人びとは「国譲り」の神話は、皇室が地上を統治する由来を説くものとして重んじた。そしてそれにつづく「日向《ひゅうが》三代の物語」とよばれるそのあとの部分の神話のつくりは、それまでのものとかなり異なるかたちをとる。この点については次章でくわしく述べよう。

8章

天孫降臨の意味合いと天皇誕生への道すじ

●ニニギノミコトとその子神、海幸彦・山幸彦の物語――

国譲りのあと、アメノオシホミミノミコトの子神アマツヒコヒコホノニニギノミコトは、王朝をひらいて日本の支配者になるために日向国《ひむかのくに》の高千穂《たかちほ》の峰《みね》に天降《あまくだ》った。

このときニニギノミコトは、「五伴緒《いつとものを》」とよばれる神々をお供にして地上にむかった。かれらは、天の道の分かれ目にいた国つ神①サルタヒコノカミを従え、かれに道案内をさせて地上に到着した。

このあとニニギノミコトは、オオヤマツミノカミの娘の②コノハナサクヤヒメを妻に迎えて三柱の子神をもうけた。このなかの、③ホデリノミコトは④ウミサチヒコの別名をもち、漁によって生活していた。そして、かれの弟の⑤ホオリノミコトは⑥ヤマサチヒコの別名で狩りを行なっていた。

弟のホオリノミコトが、釣り針をなくしてそれを捜《さが》しに海中に行ったことをきっかけに、海神オオワタツミノカミがホオリノミコトの手助けをするようになった。海神の助けをうけてこの兄弟の争いの勝者になったホオリノミコトは、皇室の祖先になった。かれは、海神の娘の⑦トヨタマヒメを妻にして、⑧ウガヤフキアエズノミコトをもうけた。

このウガヤフキアエズノミコトの子どもが、初代の大王《おおきみ》（天皇）である神武《じんむ》天皇になった⑨イワレビコである。

①サルタヒコノ（オオ）カミ (日)猨田彦大神 (古)猿田毗古神
②コノハナサクヤヒメ (日)木花開耶姫 (古)木花之佐久夜毗売
③ホデリノミコト (日)・(古)火照命

天孫、地上に降る

アマテラスオオミカミは、アメノオシホミミノミコトを地上に行かせようとしたが、ミコトは自分に代わってアマツヒコヒコホノニニギノミコトを降ろすのがよいといった。

この子神の母はタカミムスヒノミコトの娘であった。

●天孫の神名の意味

「ホノニニギ」の神名は、稲穂が豊かに（にぎにぎしく）茂るありさまをさすものである。

日向《ひゅうが》三代の系譜

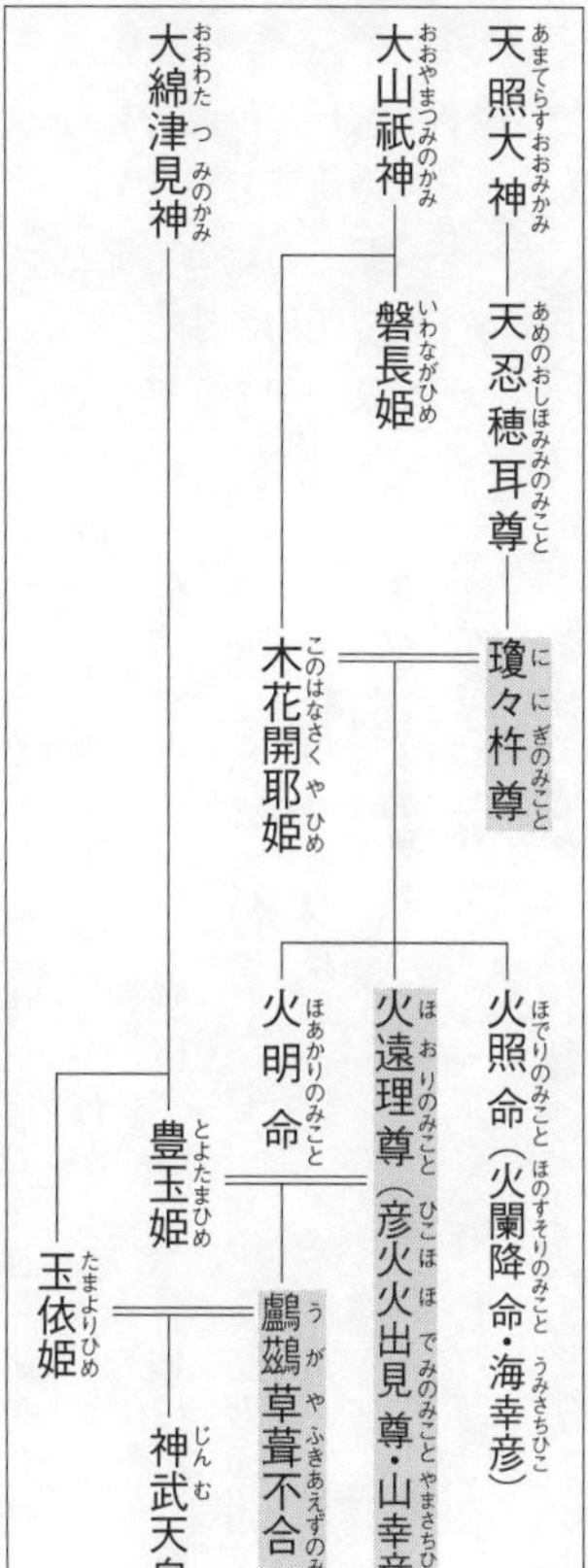

④ウミサチヒコ (日)海幸彦 (古)海佐知毗古
⑤ホオリノミコト (日)火遠理尊 (古)火遠理命
⑥ヤマサチヒコ (日)山幸彦 (古)山佐知毗古

五伴緒《いつとものを》

神　名	子孫とされる豪族とその職掌《しょくしょう》
天児屋命《あめのこやねのみこと》	中臣《なかとみ》氏の祖神（宮廷の祭祀の統轄）
太玉命《ふとたまのみこと》	忌部《いんべ》氏　〃　（中臣氏の補佐）
天鈿女命《あめのうずめのみこと》	猨女《さるめ》氏　〃　（祭祀の場の芸能）
石凝姥命《いしごりどめのみこと》	鏡作《かがみつくり》氏　〃　（祭祀用の銅鏡づくり）
玉屋命《たまのやのみこと》	玉作《たまつくり》氏　〃　（祭祀用の玉類づくり）

※『日本書紀』第一の一書より

このことから、ニニギノミコトは稲の豊作をもたらす穀霊の性格をもつ神であることがわかる。

穀霊が地上に降《くだ》る話はアジアの各地にみられる（189ページの地図参照）が、これは次項で紹介する北方の諸民族の始祖伝承と深くかかわるものである。

●豪族たちの思惑

『日本書紀』の第一の一書では、上の表に示したアメノコヤネノミコトなどの「五伴緒《いつとものを》」とよばれる五柱の神々がニニギノミコトに従って地上に降ったと記している。ここに出てくる神々は、いずれも中臣《なかとみ》氏に従って宮廷の祭祀《さいし》をとり行なう豪族の祖《おや》神《がみ》である。

中臣氏は六世紀以降有力になるが、中臣氏と中臣氏に従って宮廷の祭官となった豪族たちは、この動きにあわせて、自分たちの祖神を天孫降臨《てんそんこうりん》の物語のなかに組み入れたのであろう。しかし、次項で記すように、その物語の古いかたちは、ニニギノ

⑦トヨタマヒメ (日)豊玉姫 (古)豊玉毗売
⑧ウガヤフキアエズノミコト (日)鸕鷀草葺不合尊 (古)鵜葺草葺不合命
⑨イワレビコ (日)磐余彦 (古)伊波礼毗古

ミコトだけが寝具に包まれて山上に降ろされるものであった。

「天孫降臨」が意味するもの

タカミムスヒノミコトは、「真床追衾《まとこおうふすま》」とよばれる寝具でニニギノミコトをくるんで、ミコトを地上に降《くだ》らせた。このとき、ミコトは雲のあいだの長い道を通って、日向国の高千穂の峰にたどりついた。

●朝鮮の「檀君神話」との類似点

神の子孫が、天から高い山の頂上に降ってきて王朝をひらいたとする物語は、内陸アジアから朝鮮半島にいたる広い範囲に分布している。そのなかの朝鮮の王朝の起こりについて説く檀君《だんくん》神話は、つぎのようなかたちをとるものである。

「天の神が、その子に三つの天符《てんぷ》の印(神の子であるしるし)を授け、太白山《たいはくさん》の頂《いただき》にある神壇樹《しんだんじゅ》のもとに降らせて、朝鮮を開かせた」

前項にあげた『日本書紀』の第一の一書などには、ニニギノミコトが高天原から三種の神器を持ってきたと記されている。

この三種の神器は、檀君神話の三つの天符の印に似た性質のものであるとされる。朝鮮半島からの渡来人によって、内陸アジア的な天の神の子が降臨する話が日本にもちこまれたのであろう。

●天皇の即位と真床追衾《まとこおうぶすま》の儀

天孫降臨の神話は、ニニギノミコトが単独で真床追衾にくるまれて降《くだ》ったとするもの（『日本書紀』の本文など）と、五伴緒《いつとものを》を従えて来たとするもの（『古事記』、『日本書紀』の第一の一書など）とがある。

このなかの前者が中臣氏の手の加わらない、五世紀以前の古いかたちの神話を伝えるものである。天皇の即位のときにひらかれる大嘗祭《だいじょうさい》のなかに、天皇がいったん寝具（衾）にくるまって姿を隠し、寝具のなかで秘儀を行なったのちに出てくる部分がある。これは、「真床追衾の儀」とよばれている。

この儀式は、人間であった天皇がいったん死に、天皇家の守り神の力を体の中にとり入れた神となって再生することをあらわすものとされる。この真床追衾は、大和朝廷の発祥以来うけつがれたものであるらしい。

それゆえ、きわめて古い時期に真床追衾の儀を終えた直後の大王《おおきみ》と同じく、寝具にくるまれたかたちで王家の始祖が地上に降ってきたとする話がつくられたとみられる。

●北方的要素と南方的要素の融合

神の子が山の上に降ってくるとする話は、北方から伝えられたものとみてまちがいない。

しかし、日本の天孫降臨の神話には、遊牧生活を行なう内陸アジアにない、穀霊が人びとのもとに降りてくるとする要素がある。そして、穀霊の訪れの話は南方に多いことや、新羅《しらぎ》（朝鮮半島の小国）に、新羅王家の始祖が穀霊の性格をもつ太陽の子とする伝えがある点に注目したい。

こういった点からみて、朝鮮半島で生まれた王朝の始祖が山に降りてきたとする北方的要素と、穀霊が王朝の始祖になったという内容の南方的要素とをあわせもつ王朝の始祖伝説が、日本に入ってきてニニギノミコトの物語になったとみられる。次項では、地上に降ったニニギノミコトと山の神の娘との恋の物語について述べよう。

始祖伝説の分布

『神話から歴史へ』（井上光貞著、大林太良作図、中央公論社刊）に加筆

コノハナサクヤヒメとの出会い

ニニギノミコトは海辺で美しい娘に出会った。ミコトが名をたずねると、娘は「オオヤマツミノカミの娘のコノハナサクヤヒメ」と答えた。さらに彼女は、自分にはイワナガヒメ⑩という姉がいると語った。

●天降《あまくだ》る神と山の神との交流

ニニギノミコトが、オオヤマツミノカミに妻乞いの使者を送ったところ、オオヤマツミノカミは多くの贈り物とともに、イワナガヒメとコノハナサクヤヒメをニニギノミコトのもとに送ったという。

ニニギノミコトは山の神の娘にひかれたのであるが、前（127ページ）に述べたように、高天原から地上に降ったスサノヲノミコトも、オオヤマツミノカミの子のアシナヅチ、テナツチと出会っている。このように、日本神話には、天から来た神がまず山の神の系類とかかわったとする話が多くみられる。

現在、日本のあちこちに、山のふもとにつくられた神社が多くみられるが、そのような神社は山に住む精霊をまつるものとしてつくられた。

⑩イワナガヒメ ㊐磐長姫 ㊍石長比売

古代人は、神々はふだんは山に住み、山から降りて人びとのもとに来ると考えていた。天から降った神と山の神との交流の話は、そのような古代人の世界観からつくられたものであろう。

●山の神がつかさどる寿命

ニニギノミコトは、醜《みにく》いイワナガヒメを帰し、美しいコノハナサクヤヒメだけを受け入れたという。このことを知ったオオヤマツミノカミは、「イワナガヒメを受け入れれば、大王の命は石の命のように長くつづくものになったのに、コノハナサクヤヒメだけを妻にしたために天孫の寿命は花のようにはかないものになってしまった」と言った。

このような話は、南方に広く分布する「バナナ型神話」のひとつとされている。それは、人類が石を選べば不死になったのに、バナナをとったために死なねばならなくなったと説くものである。

バナナ型神話の分布

『神話から歴史へ』(井上光貞著、大林太良作図、中央公論社刊)に加筆

日本神話では、神は死なないものであるとされたが、神の子孫である大王《おおきみ》の寿命には限りがある。そこで、神の子孫がいつから不死でなくなったかを説明するために、南方のバナナ型神話をふまえたニニギノミコトの求婚の話がつくられた。

ニニギノミコトは神話のなかの存在とされるが、この意味でミコトを最初の人間とみることができる。次項では、バナナ型神話につづくコノハナサクヤヒメの出産にかんする物語をあつかおう。

「火中出産」の物語

コノハナサクヤヒメがニニギノミコトに妊娠したことを告げたところ、かれは彼女の子が国つ神の子ではないかと疑った。そこで、ヒメは出口のない産屋《うぶや》をつくり、出産間近に産屋に火をつけて火のなかで三人の子どもを生むことによって身の潔白《けつぱく》を証明した。

●出産の穢れを清める習俗

コノハナサクヤヒメは、「自分の子が天孫《てんそん》の子なら、産屋を焼いても無事に生まれるでしょう」と言って、火中で出産した。この「火中出産」の話は、東南アジアに広くみられる火によって出産の穢れを清める習俗とかかわるものであろう。

出産後に産屋を焼くという習俗が南方から日本に伝えられていた。そして、それに穢れた不義の子はお産の穢れとともに滅びるとする発想が加えられ、火中出産の物語ができた。

●火にまさる天孫の呪力

出産時に火災が起きれば、母子ともに危険になる。しかし、日本神話では天孫の子は火を退ける呪力をもつとされた。そのため、次項で述べるように、このとき生まれた「火が遠ざかること」をあらわすホオリノミコトは、「火が燃えさかること」をあらわすホデリノミコトよりすぐれた王子となった。

海幸・山幸神話

ヤマサチヒコの別名をもつホオリノミコトは、兄のウミサチヒコ（ホデリノミコト）から借りた釣り針をなくした。そのため、かれは海神のもとに釣り針を捜《さが》しに行き、海神の娘トヨタマヒメと恋仲になった。

●「失われた釣り針」の物語

借りた釣り針を捜しに海中の世界に行く話は、南太平洋に広く分布する。そのような伝説はまとめて「失われた釣り針」の物語とよばれる。

海幸・山幸の別名

出典＼神名			海幸彦	山幸彦
『古事記』			ホデリ	ホオリ
『日本書紀』	本文		ホスセリ	ヒコホホデミ
	一書	一	ホスセリ	ヒコホホデミ
		二	ホスセリ	ヒコホホデミ
		三	ホスセリ	ヒコホホデミ
		四	ホスセリ	ホオリ

そういったなかのセレベスの「カヴァルサン伝説」をあげてみよう。カヴァルサンは友人に釣り針を借り、魚に針をとられる。そして、友人に同じ釣り針を返せと責めたてられて、釣り針を捜しに海にもぐり、海底の村をみつける。

ここでカヴァルサンは、一軒の家でのどに針を刺して苦しんでいる娘に出会い、彼女の針を抜いてやる。このあとかれは娘の両親に多くの贈り物をもらい、魚に乗せてもらって岸に送り届けてもらったという。

●海の神をも支配する王家

海幸・山幸神話が南方の「失われた釣り針」の物語にならって整えられたことはまちがいない。しかし、「失われた釣り針」の物語には、海の神は出てこない。魚の精霊や、海の底で人間の姿で生活している魚が、釣り針をなくした者を助けるかたちがとられているのだ。

日本神話の作者は、民間に広がっていた「失われた釣り針」の話をもとに、皇室の祖先と海の神とを結びつける物語をつくったのであろう。ニニギノミコトは、オオヤマツミノカミの娘コノハナサクヤヒメを妻にすることによって、山の神の親族として山の世界の支配権を握った。そのため、かれの後継ぎの代に海の神を支配下におかせる必要があったのである。

さらに、日本神話は釣り針を捜す話につづけて、次項でとりあげる海神の助けをうけたホオリノミコトが、海神とつながりのないホデリノミコトとの争いに勝つ話を記している。

兄神を従えたヤマサチヒコ

ヤマサチヒコは、海神から塩盈珠《しおみつたま》と塩乾珠《しおふるたま》をもらって地上に帰った。このあと兄弟争いが起きたが、ヤマサチヒコは塩盈珠を用いて高潮をおこし、兄をおぼれさせた。そして兄が降参すると、ヤマサチヒコは塩乾珠を出して潮をひかせ、兄を救った。

●海幸・山幸神話と江南の白娘子《しらじようし》伝説

この兄弟争いの結果、弟のホオリノミコト（ヤマサチヒコ）が天孫の嫡系をついだ。そして、ウミサチヒコの子孫は隼人《はやと》（宮廷の警備をつとめた南九州出身の人びと）として宮廷に仕えることになったという。

この物語は、東南アジアや中国、朝鮮に広くみられる海と陸の対立の話のひとつとされる。そして、白娘子《しらじょうし》伝説などの江南《こうなん》の洪水伝説と、海幸・山幸神話との類似がとくに注目されている。白娘子伝説は、少年が、蛇が化けた美少女（水の神の化身とされる）と結婚する物語である。

少年は妻の正体が蛇と知らずに彼女と深い仲になるが、ある日、相手が蛇であることを知って妻と別れようとする。妻の怒りで嵐になり大水が出るが、夫はそれからうまく逃れた。そのため、妻は涙をのんで水中に去っていくのである。

日本神話は、白娘子伝説のような江南の水の精である蛇神が洪水を起こす話を、神から珠《たま》をもらった皇室の祖先が水を操《あやつ》るかたちに変えて取り入れたのである。

●塩盈珠《しおみつたま》と塩乾珠《しおふるたま》の起源

洪水伝説を日本にもちこんだのは、朝廷の水軍の指揮官である阿曇氏《あづみ》ではないかといわれる。阿曇氏の伝承のなかに、阿曇氏の祖神《おやがみ》、磯良《いそら》が潮盈《しおみつ》・潮乾《しおふる》の二個の珠をもって思いのままに干潮や満潮を起こしたとするものがあるからである。

オオワタツミノカミが釣り針を捜しにきたヤマサチヒコをもてなす場面も、大嘗祭《だいじょうさい》のなかの阿曇氏が天皇家の守り神のお供え物をならべる行事をもとに記されたのではないかとされる。

白娘子伝説の花嫁は蛇であったが、次項に記すようにヤマサチヒコの妻になった海神の娘トヨタマヒメは鰐《わに》（サメ）の姿をしていた。

ワニになった花嫁

ホオリノミコトがホデリノミコトを従えたあとしばらくして、トヨタマヒメが地上に来た。このときヒメは、海神の王宮で妊娠したホオリノミコトの子どもを地上で生みたいと言った。ところが、ホオリノミコトはある日、トヨタマヒメが八尋《やひろ》（一六メートル）の大鰐《おおわに》であることに気づいてしまった。そのため、トヨタマヒメは正体をみられたことに怒り、子どもを残して去っていった。

●閉ざされた海神の王宮へのみち

トヨタマヒメが去るときに、海坂《うなさか》（海へのみち）をふさいだため、人間は、自由に海の世界と行き来することができなくなったという。

ニニギノミコトは、イワナガヒメを受け入れなかったことによって、オオヤマツミノカミを落胆させて短命になった。ついで、かれの子のホオリノミコト（ヤマサチヒコ）はオオワタツミノカミの娘の怒りをかい、海へのみちをふさがれた。

天孫は、もともとは、高天原の天つ神と同じく、山の神や海の神の世界と対等に交流できた。しかし、神代《かみよ》の最後にくる日向《ひゅうが》三代のあいだに、山や海との往来は絶たれ、皇族はみずからが統治する都市や農村を中心とする人間の生活圏のなかでしか生きられない存在になったと日本神話は説く。

前に述べたように、古代の奥山《おくやま》は朝廷の支配のおよばない神々の世界であった。海上は奥山よりさらに危険な場所であり、漁撈《ぎょろう》や海外との往来は命がけの行為であった。

●異界の妻との結婚の物語

トヨタマヒメは、安産の神としてまつられている。ホオリノミコトとトヨタマヒメとの結婚の物語に似た「他界妻《たかいづま》」の話は、ヨーロッパからアジアにかけての広い範囲にみられる。男性が相手の正体を知らずに異界の女性を妻とするが、妻は正体をみられたことを恥じて去り、妻が残した子どもが偉人になるものである。

こういった話は、ペルシアあたりで起こり、それから西洋や東アジアに広まったのであろう。そして、前項に紹介した白娘子《しらじょうし》の話に似た物語が江南に多く残っていることから、他界妻の物語は前項に記した洪水の話と結びついたかたちで、一世紀に江南から北九州に移住してきた航海民の手で日本に伝えられたとみられる。

●竜蛇信仰と結びつくワニの信仰

白娘子の話は、他界妻となった女性の正体が蛇であったとする。このことは、江南からベトナムにかけての地域に広がっていた竜蛇《りゅうじゃ》を、水の世界の支配者としてまつる習俗をもとにつくられたものである。

この地域の人びとは、竜を水の神としてまつるとともに、蛇も水の神のつかいとして恐れる。そして、巨大な蛇を「竜」とよぶこともある。このような、竜と蛇との区別があいまいなかたちの水神信仰は、便宜上《べんぎじょう》、「竜蛇信仰」とよばれている。

海岸部に居住する縄文人は、漁撈を妨げる大型のサメを恐れていた。かれらのなかには、サメの歯に穴をあけて、首にかけてお守りとする者もいた。このような習俗のなかから、古い時代に巨大なサメを鰐と名づけて海の神としてまつる信仰が生まれた。

竜蛇信仰からつくられた蛇と結婚するかたちの異人妻《いじんづま》の話が、日本に入ったときに鰐の信仰と結びついて、ヤマサチヒコが鰐を妻とする物語に変えられたのであろう。

これまで述べたように、日本神話は中国、朝鮮など東アジアだけでなく、ペルシアやヨーロッパにおよぶ広い世界の文化、信仰と交流したうえでつくられてきたものである。つぎの終章では、本書のまとめとして世界史のなかでの日本神話の位置づけを考えていこう。

いまを生きる日本人への神々からのメッセージとは

●いくつもの層から成る日本神話

これまでみてきた日本神話の個々の物語から、日本神話のなかに世界の広い範囲にわたるさまざまな要素がとり入れられていったありさまがわかってくる。

大ざっぱに整理するなら、日本神話はつぎの四つの層からつくられていたとみられる。この四つの層は、大和朝廷誕生以前にできた古いものと、大和朝廷の発展期につくられた新しいものとに分けられる。

第一の層は、縄文人の精霊崇拝のなかからつくられた物語である。大小二柱の神が人びとを導く、オオクニヌシノミコトとスクナヒコナノミコトの話などがこれにあたる。

神話の4つの層

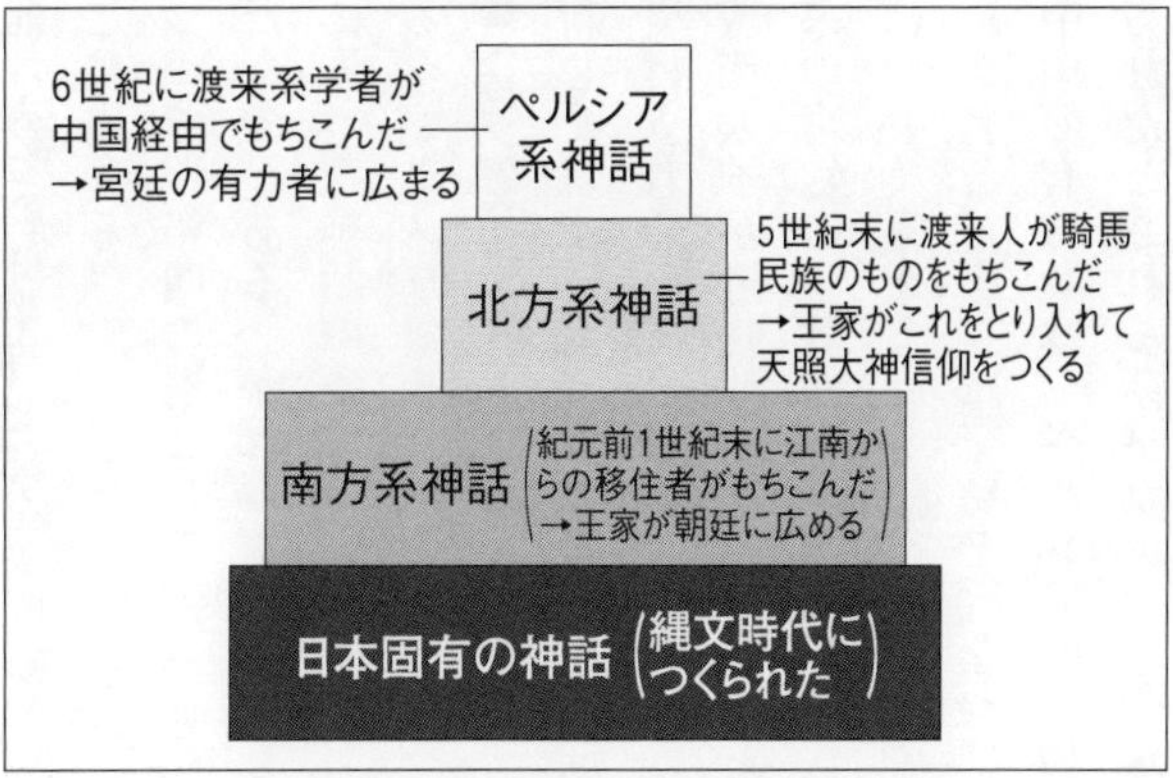
6世紀に渡来系学者が
中国経由でもちこんだ
→宮廷の有力者に広まる
ペルシア
系神話
5世紀末に渡来人が騎馬
民族のものをもちこんだ
→王家がこれをとり入れて
天照大神信仰をつくる
北方系神話
南方系神話
紀元前1世紀末に江南か
らの移住者がもちこんだ
→王家が朝廷に広める
日本固有の神話
縄文時代に
つくられた

ついで第二のものとして、紀元前一世紀末に江南から北九州に移住してきた航海民が伝えたものがある。かれらは、江南を拠点にフィリピン、インドネシア、東南アジアなどと広い交易活動を行なっていた。そこで、南方に多くみられる失われた釣り針の話に似た、海幸《うみさち》・山幸《やまさち》の物語をはじめとする多くの南方系の話が江南から日本にもちこまれた。ここまでが、日本神話の古い層である。

そして新しいものは、つぎのふたつに分けられるが、それらはいずれも朝鮮半島経由で日本に入ってきた。

まず、第三の層として、朝鮮半島からの渡来人がもちこんだ北方の騎馬民族伝承がある。これは、五世紀末に日本に移住してきた秦《はた》氏、東漢《やまとのあや》氏などの有力豪族の先祖が高句麗《こうくり》（四世紀に全盛を誇った中国東北地方と朝鮮半島北部を支配した国）からとり入れたものである。天孫降臨の物語などがここに属する。

ついで、第四の層として、六世紀以降に中国文化を身につけた渡来系の学者が宮廷に広めたものがある。かれらが日本にもちこんだ中国の伝承もあっただろうが、この時代に日本に入った神話の多くは、ペルシア系のものであった。ギリシャ神話と共通するつくりをとるヤマタノヲロチ退治の話は、その典型的なものである。

●ペルシア文化の日本への流入

新しく日本に入ってきた騎馬民族の文化とペルシア系の文化は、民間に広まらずに宮廷に受け入れられて、日本神話のなかの皇室の権威を高める部分に用いられた。

聖徳太子が遣隋使を送って中国と直接交渉をはじめる（六〇七年）以前の日本では、渡来系の宮廷の学者がもつ南北朝時代の中国文化が重んじられていた。南北朝時代の中国文化について考えるとき、その時代の中国人が、シルクロードを通じて西方の強国サザン朝ペルシアとしきりに交易を行なっていたことを見落とせない（左ページの地図参照）。

中国の有力者は、ペルシアの文物を遠方の貴重なものとみて競って求めた。六世紀につくられたとされる奈良県斑鳩《いかるが》町の藤ノ木《ふじのき》古墳から、ペルシアから来たと思われるコルクを

5世紀後半のアジア

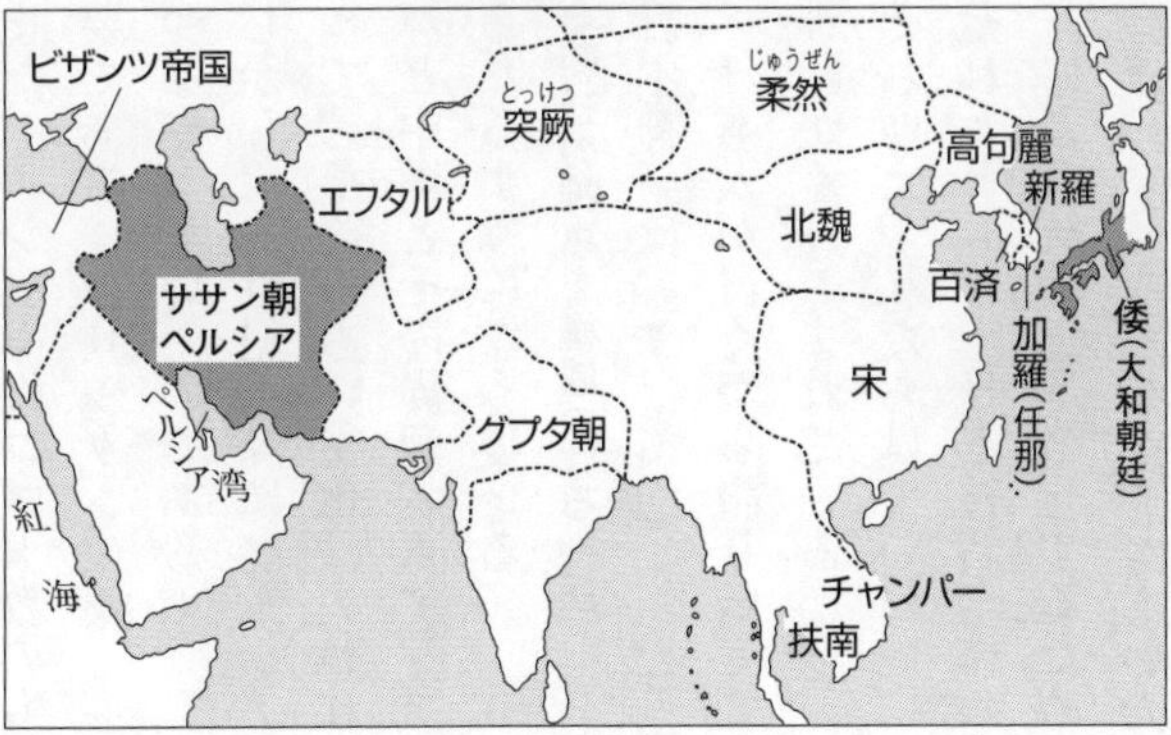

用いた鞍《くら》が出土した。また、法隆寺には、ペルシア風の意匠《いしょう》をもつ飛鳥《あすか》時代の獅子《しし》狩紋錦《かりもんきん》が伝えられている。こういったことは、飛鳥時代以前の日本に、ペルシア文明が伝えられ、重んじられたことを示している。

考古学の成果は、紀元前八〇〇年ごろにペルシア系遊牧民の手によって東アジアに金属器文化が伝えられたことを明らかにしている。そのため、中国とその周辺から東南アジアにかけての地域の人びとは、古くからペルシア系文化に親近感をもっていたとみられる。

そのような基層に共通性をもつ文明の広まりのうえに、南北朝時代の中国とササン朝ペルシアとの貿易がなされた。その結果、五世紀以降、ペルシアの文学や神話が中国とその周辺に急速に広まっていったとみられる。

また、エジプトのコプト教のもつキリスト教文明がササン朝ペルシアに入っていた点も重要である。キリシタン伝来（一六世紀）のはるか以前に、日本文化はキリスト教文化圏とつながっていたのである。

しかし、七世紀以降にペルシアから中央アジアにかけての地域がイスラム化したことによって、そこの古い文化は失われてしまった。そのため今日では、地中海沿岸や西ヨーロッパと中国とその周辺、東アジアに類似する古代文化が伝わるという奇妙な文化の分布がみられるようになっている。

●朝廷の神事を権威づける神話

日本神話は、『古事記』や『日本書紀』の編者が勝手に創作したものではない。そこには、日本人が古くから語り伝えてきた多くの物語や、世界の各地からとり入れられた多様な神話がくみこまれている。

それゆえ、私たちはていねいに日本神話の個々の部分の原型を探ってゆく必要がある。それとともに、日本神話全体の構成の意味をも知らねばならない。日本神話は、いわば皇室による統治を本格化するためにつくられたものである。そして、古代の朝廷の支配層がつぎのような主張をもっていたことを、とくに重視しておきたい。

「天皇がさまざまな儀式をひらいて、神々をあつくまつるおかげで、日本列島に住む人びとは天災にあわずに平穏《へいおん》に過ごすことができる」

それゆえ、日本神話のなかで朝廷のさまざまな神事を権威づける記述がみられる。たとえば、スサノヲノミコトの乱暴と祓いの話は、朝廷の大祓《おおはらえ》の由来を説くものであり、オオクニヌシノミコトの根《ね》の国からの生還の物語は、鎮魂祭《ちんこんさい》の起こりを説明するものである。

●神話の中心におかれる天孫降臨

古代の皇室がもっとも重んじた行事は、新たに即位した天皇が人間から神になる大嘗祭《だいじょうさい》のなかの真床追衾《まとこおうぶすま》の神事であった。これを経ることによって、天皇は神聖なものとされ、日本列島を守る神々と交わって民衆の繁栄を神に願いうる立場になれる。

このことから、真床追衾をふまえたニニギノミコトの天孫降臨が、日本神話全体の流れの中心に位置づけられた。そして、ニニギノミコトの地上の統治権を正当化するために、天孫降臨の直前にオオクニヌシノミコトとの国譲りの交渉の話がおかれた。

アマテラスオオミカミやスサノヲノミコト、オオクニヌシノミコトの活躍にかんする神話はすべて、ニニギノミコトが天つ神の嫡流《ちゃくりゅう》をうけて国つ神より上位におかれることを説明するものであった。

臣《おみ》のカバネをもつ豪族と連《むらじ》のカバネをもつ豪族

区別	代表的な氏	特徴
臣姓豪族	蘇我《そが》氏、葛城《かつらぎ》氏、阿倍《あべ》氏、春日《かすが》氏	古くからいる大和や河内の有力豪族
連姓豪族	大伴《おおとも》氏、物部《もののべ》氏	王家に仕えることによって成長した豪族

●天皇の統治を助ける豪族たち

大和朝廷の有力豪族は、臣《おみ》のカバネ（姓）をもつ者と、連《むらじ》のカバネをもつ者とに分かれた。かれらの子孫が奈良時代の貴族層になるのであるが、『日本書紀』などは臣のカバネをもつ豪族は王家から分かれたものとしている。ゆえに、皇室の分家筋にあたる蘇我《そが》氏や阿《あ》倍《べ》氏は、天皇の統治を助けねばならない。

連のカバネをもつ豪族は、「トモ」とよばれて朝廷のさまざまな職務を分担した天つ神や国つ神の子孫であるとされる。そのため、日本神話には連のカバネの豪族の祖神《おやがみ》が、皇室の祖先に従うようになったいわれを説く話が多く記されている。前にあげた中臣氏の祖神などがニニギノミコトに従って天降りした話は、中臣氏が皇室に仕える由来を記すものである。

皇室がオオクニヌシノミコトから地上の支配権を譲られたことを説く国譲りの話は、オオクニヌシノミコトをまつるすべての地方豪族が天皇に従う地方官にすぎないとするものである。

日本神話はこのようにして、「日本国内のすべての豪族は天皇による指導をうけるべきものである」と主張しているのである。

●日本神話が伝える「こころ」とは

日本神話が、皇室の統治を正当化するためにまとめられたものであることはまちがいない。しかし、それは、何もないところから創作された物語ではなく、古代の日本人が長年にわたって語りついで愛好してきた話をあつめてつくられたものであった。

それゆえ、私たちは日本神話を読むことによって「和の心」とでもよぶべき、古代以来うけつがれた日本独自の思想にふれることができる。

日本人がまつる至高の神アマテラスオオミカミは、限りない愛をふりまく女神とされた。ほかの民族神話では、最高神は、敵を滅ぼし罪人に過酷な罰を下す、恐ろしい神として描かれている。

しかし、アマテラスオオミカミは、高天原で乱暴をはたらいたスサノヲノミコトも、地上の支配権をめぐって対立したオオクニヌシノミコトも許した慈悲《じひ》深い神であった。

日本の神話のなかでは、「生命の大切さ」「労働の尊《とうと》さ」「思いやりの必要性」といった教えがくり返し説かれている。いずれも、日本人が古くから重んじてきたものである。

世の中がめまぐるしく変わる現代の日本に生きる私たちには、日本神話を読むことを通じて、「和の心」にふれて自分の生き方を見直していく心のゆとりが必要なのではあるまいか。

KAWADE
夢新書

夢新書のマスコットは〝知の象徴〟と
されるフクロウです（マーク：秋山 孝）

日本人なら知っておきたい
古代神話

2005年8月5日　初版発行

著者――武光 誠

発行者――若森繁男

発行所――株式会社河出書房新社

〒151-0051 東京都渋谷区千駄ヶ谷2-32-2

電話(03)3404-1201(営業)

http://www.kawade.co.jp/

企画・編集――株式会社夢の設計社

〒162-0801 東京都新宿区山吹町261

電話(03)3267-7851(編集)

装幀――印南和磨

印刷・製本――中央精版印刷株式会社

Printed in Japan ISBN4-309-50306-3